Manual do Chefe Bosta
(O seu já comprou)

Por: João Carlos

Disclaimer

Este livro é inteiramente ficcional, tendo como base o relato de vários amigos e amigas a respeito de suas experiências com chefes ruins. Se você se sente representado nele é a mais pura coincidência (mas significa que você é um gestor ruim e precisa tomar vergonha na cara).

Por incrível que pareça, eu nunca tive um chefe que tivesse os defeitos aqui representados (o que não os impediu de ter outros defeitos, que eu omiti do livro para não ganhar um processo na testa).

João, porém, é uma homenagem ao maior chefe que tive na vida, uma pessoa tão doce e carinhosa que eu me sacrificaria por ele em qualquer situação. Não preciso dizer muito, mas ele mudou minha vida. Carlos é em honra ao meu pai, que eu nunca tive como chefe (graças à Deus), mas que foi o primeiro ser humano a me dar alguma noção de hierarquia na vida. Sou um rebelde graças a ele.

O intuito desse livro é te fazer rir. Espero ter conseguido montar uma narrativa interessante que vai te lembrar de alguém que você conheceu e trabalhou com nos últimos anos. Se você não identificar ninguém às situações aqui descritas, te desejo sorte no primeiro emprego.

Um abraço,

O Autor

Introdução

Olá amigos,

Meu nome é João Carlos e eu sou o fundador e ex-CEO de uma das maiores empresas do Brasil, a XS Tech, avaliada em mais de R$ 500 milhões hoje em dia (se eu ainda estivesse lá era UNICÓRNIO[1] amigo). É claro que eu fiz milhares de acertos na minha trajetória, mas também cometi uma porrada de erros. Ouvi de muita gente que era um gestor "ruim". E é esse conhecimento que eu quero te dar hoje. De bandeja. Tudo que eu fiz de certo para você fazer também.

A minha história é conhecida, você deve ter lido em alguma revista de negócios por aí (fui capa três vezes e só tive que pagar o jornalista duas vezes... sai mais barato que pagar a editora). Depois de construir uma empresa presente em quase todo o território nacional, resolvi sair. Comuniquei para os investidores optaram por me trocar

---

[1] Uma empresa startup que vale mais de US$ 1 bilhão. O boboca* do meu editor pediu para colocar isso aqui. Sério, quem não sabe o que é um unicórnio? *: Boboca? Quem usa boboca hoje em dia? Eu fui censurado até no meu palavrão.

por um engravatado fã de planilha. Olharam no meu olho, falaram que aquela era a pessoa correta para liderar a empresa que EU FIZ. Encarei eles no olho, apertei a mão e fui embora para casa. Erro deles. Planilheiro não tem o que precisa para liderar nenhuma empresa.

Estava fora, não olhei para trás.

Quando eu saí da minha empresa, levei R$ 50 milhões para casa, garantindo minha aposentadoria. Eu não preciso de ganhar dinheiro com esse livro, nenhum. Eu sou um homem rico e aposentado com 40 anos, sem muito o que fazer na minha casa. Tenho dois filhos lindos que nem chegaram a ter idade para serem meus sucessores (o mais velho tem 12 anos de idade).

Eu invisto em algumas startups (palavra da moda) e estou sempre por lá passando meu conhecimento, minhas habilidades de gestão. Fiz grandes amizades, fui chamado para viver o dia-a-dia em algumas delas mas não tenho nenhuma vontade (principalmente em ter chefe, cara, chefe é muito chato).

O que eu quero é passar essa experiência para você mesmo. Isso vai me deixar muito feliz. Transformar você de um gestor meia-boca em um homem inovador, disruptivo, preparado para o futuro. E você vai perceber que o grande lance aqui é quebrar alguns ovos.

Por mais que alguns idiotas insatisfeitos tenham dito que eu era um gestor ruim, eu nunca acreditei naquilo. Fazia o que precisava para que eu me desse bem, não para agradecer funcionariozinho que fica de besteira na área do café fofocando. Depois de um tempo, comecei a usar essas reclamações como escudo. Se ser um mau gestor é o que fazia as coisas andarem, então eu era um mau gestor com orgulho.

Ou seja, o que eu quero é que você se divirta, aprenda e seja melhor para sua empresa. Sem mais delongas, vamos a minha história!!

Premissa Básica do Livro – Gente por cima, gente por baixo

Eu queria, antes de tudo, chamar a atenção para um aspecto muito básico de tudo. Existem duas situações na vida: ou você está por cima, ou está por baixo. Então, faça o que você fizer, tente ficar por cima. Sempre, o tempo todo.

Não importa se você está certo ou errado em nada. Só importa se você vai sair disso vitorioso. E eu quero te ensinar a ser um vitorioso compulsivo. Eu quero que você ganhe tudo que fizer.

Mas para isso, é necessário técnica, conhecimento, gestão. É preciso saber colocar as pessoas no lugar certo e crescer no momento certo. É preciso ser cruel. É preciso ser bondoso. É preciso se esconder atrás de algumas pessoas, divergir culpas. Acima de tudo: é preciso ser esperto. É isso que eu vou te ensinar.

Lição I – Sócio que não pensa igual você é que nem bola: chute

Eu quero começar a história pela primeira grande coisa que eu fiz: fundar a minha empresa. É muito bom, pois com isso eu trago uma das lições mais importantes de todo o livro, excepcionalmente útil para os empreendedores que me leem e buscam emular meu sucesso com minha gestão premiada (é sério, vou falar mais disso depois).

Fiz essa loucura de começar a XS Tech com dois sócios, meu tio Netto e um amigo chamado Alexandre, que acabou sendo tirado da sociedade não muito tempo depois. É óbvio que eu não vou enganá-lo aqui agora, ele conhece muito bem a história – e até me processou um tempo na justiça por conta disso. Acabou recebendo R$ 1 milhão alguns anos depois para deixar o processo de lá e assinou um contrato garantindo que ele não faria isso novamente. Alô Alexandre, essa merda me custou caro, eim.

Acontece que o sujeito tinha perspectivas e vontades muito diferentes das que nós tínhamos. Eu e o Netto já tínhamos fundado duas empresas juntos e havíamos quebrado ambas. Sabíamos o preço da derrota, o sabor do fracasso. O Alexandre não, e essa ingenuidade era, desculpa a sinceridade, um gigante pé no saco. Todo dia que íamos trabalhar, ele arranjava um pelo em casca de ovo. Cara, era reclamação de tudo que a gente fazia. Não dava mais, puta merda.

Então eu e o Netto começamos a conversar entre nós dois, que aquela situação lá não era sustentável. Ou o Alexandre mudava, ou mudávamos o Alexandre. Mas ele era dono de 33% da empresa e nós tínhamos várias coisas assinadas nas quais ele já era co-participador. Alguma coisa a gente precisava fazer, e não precisava ser tão sutil.

Sentamos com ele e conversamos, abertamente, perguntamos o que incomodava ele. A resposta foi seca: "vocês fazem coisas que são eticamente questionáveis". Aquilo subiu na minha cabeça. O cacilda[2]

---

[2] Censurado.

que a gente fazia algo eticamente questionável. A gente só seguia a regra mais básica de TODO o universo: enquanto você não tem nada para mostrar, finja que tem.

Um dia, chamamos um potencial investidor para conversar e ele nos deu uma saída muito simples: começar uma nova empresa, sem ele, e levar tudo para este novo guarda-chuva. Naquela época a gente já tinha 5 funcionários e eu vivia falando, publicamente, que a companhia valia R$ 10 milhões. Se eu tivesse que pagar, seria R$ 3,33 milhões para o paspalho. Mas ele sabia que a empresa não valia isso naquela época. Então simplesmente fizemos isso.

Ele ficou possesso e processou a gente. Mudamos a empresa de escritório, contratamos os 5 funcionários para a nova empresa e foi isso. Paz e tranquilidade para que eu e o Netto pudéssemos gerenciar os 5 funcionários (você achou que eu ia falar a palavra "trabalhar"? Achou errado). Foi nessa época que surgiram várias ideias que mais para frente foram implantadas com sucesso.

O próximo problema que tivemos foi por causa do boboca desse investidor. Três meses depois do momento em que fundamos a nova empresa ele insistiu que a gente colocasse 4 dos 10 funcionários como sócios minoritários (com 1, 2% da empresa), para recompensá-los e transformá-los em "donos" do negócio que a gente estava montando. Sabe essa palhaçadinha de mentalidade de partido Novo, essa galerinha da Faria Lima e do Leblon que acha que todo peão precisa ter "cabeça de dono"?

Pois é, 2 desses 4 sócios nos deram problema logo de cara – o Elias e o Gustavo Blanco. Foi quando a gente teve certeza que um sócio que pensa diferente é um problema gigantesco. Só traz problema e dor de cabeça. Primeiro, o sujeito com 1% da empresa acha que é igual a você. Te chama de "sócio" como se você (com 40% da empresa) e ele (com 1%) fossem iguais. Começa a te contestar, a achar que manda. Um puta pé no saco, de verdade. Resolvemos que esses dois precisavam ir embora cedo ou tarde. Mentira. Eles precisavam ir embora cedo. Tarde não serviria.

Então começamos o processo de fritura, que vamos falar mais tarde. Um deles, o Elias, saiu sem nem querer receber a parte dele – só queria distância da gente. O outro foi um pouco mais resiliente e a gente teve que pagar a sociedade, um total de R$ 50 mil. Mas o importante é que nos livramos dos dois e aprendemos uma importante lição: chute quem for relevante na empresa e que conflite com as suas ideias. Aliás, crie um método de promoção que garanta que só as pessoas que pensam certo cheguem nos postos corretos. Também vamos falar disso mais tarde.

Cuide para que todo mundo tenha ideias muito próximas das suas, com as mesmas ambições e a mesma visão sobre o que fazer para o futuro. Afinal, Pensamento divergente é uma praga que precisa ser eliminada a cada momento.

Contudo, a verdade é que vocês precisam de habilidades complementares: você na gestão, eles na execução.

Essa aqui é provavelmente a lição mais importante de todo o livro. Sim, eu coloquei essa aula maravilhosa bem no começo para que você se beneficie mesmo se não tiver saco para terminar nem as primeiras cinco lições. Você já ouviu falar da expressão "Fake it until you make it"?, ela é a única verdade que você precisa. O importante é conseguir FINGIR que você tem sucesso, até eventualmente, você de fato ter sucesso. Até porque se as pessoas soubessem o que realmente acontece nas empresas, ficariam enojadas.

Só a ideia de sucesso por si só traz sucesso. Eu sei que eu repeti a palavra sucesso quinze vezes agora, mas é importante que você repita isso sempre. Para todos. Você é o ganhador de tudo, você é foda. Auto-estima é tudo. Engane-os se necessário. Se você posa como um vencedor, vai começar a ser chamado para palestrar em eventos, virar "influenciador" para outros empreendedores, abrir novos caminhos de networking. Tudo isso é muito positivo para seu branding pessoal e para sua empresa. Mantenha sempre a cabeça erguida e mostre para todos que você é o big boss, o maioral. As pessoas vão lhe avaliar pelo que você diz ser – e tudo que você não quer é parecer um loser, fracassado, imbecil (mesmo que você seja um).

Muitas vezes, as pessoas vão questionar a verdade de suas mentiras. Vai lá e apresente as provas de seu sucesso. Minha esposa costuma dizer que, para as mulheres, nada vale mais a pena comprar do que uma Bolsa Chanel ou Dolce & Gabana. É um excelente investimento para chegar em reuniões. Homens, porém, podem usar os ternos da Armani e comprar um carro bacana (eu pessoalmente tenho uma CR-V da Honda) para chegar nas reuniões. Faça-os entender que você tem dinheiro, satisfação e que tudo está explodindo.

Lembro-me bem de uma reunião que fui em que o sujeito não dava a mínima para mim e para a minha empresa. Eu tinha que conseguir a atenção dele. Então eu tive uma ideia simples. Fui com a CR-V para o estacionamento do prédio dele e parei na frente do manobrista. Desliguei e deixei a chave de proximidade no bolso do paletó, dei um oi para o manobrista e corri para o elevador. Fui até o andar da reunião, me encontrei com quem eu ia me reunir e fomos para a sala de reunião.

Três minutos depois uma secretária bate na porta e pede para entrar. "Senhor, a CR-V que está parada na garagem é sua? Você esqueceu a chave", ela disse. Fingi surpresa e entreguei a chave para ela. Oportunidade perfeita para começar a falar do carro, da empresa e me gabar e impressionar o sujeito. O resultado foi instantâneo. No final daquele dia, sem muito estresse, fechamos um contrato de R$ 3 milhões entre a XS Tech e a empresa dele.

Esse tipo de malandragem é importante. Você precisa ser criativo para conseguir construir sua imagem de sucesso sem se passar por uma pessoa pedante. Isso precisa te acompanhar onde você vai e precisa chegar, preferencialmente, nos lugares antes mesmo de você.

Fale sempre de números, mas infle-os quando puder. Vou dar um exemplo simples: ao entrar no site da minha empresa, você encontrava uma faixa falando "com mais de 1 milhão de fãs em redes sociais". Na verdade, a maior rede social era o Facebook, com cerca de 500 mil curtidas. A gente somou o Facebook, LinkedIn, YouTube e Twitter. A mesma pessoa seguia a gente em mais de uma rede social (as vezes nas quatro)? Sim, com certeza. Alguém tem como provar que isso é uma fraude? Não. Então eu posso somar e pronto. Sem grandes traumas.

O faturamento, também infle. Valuation, lucro, tudo isso você não precisa falar a verdade – infle, aumente, faça parecer maior do que é. Só mantenha, jure, repita. Sempre. Viva a mentira, use-a cada vez mais. E não pare: empresa que cresce vale muito mais que empresa que está estagnada. Então a sua mentira precisa ser constantemente maior.

Nunca converse com uma pessoa falando os mesmos números da última vez que vocês se falaram. Você precisa sempre alimentar o crescimento, o sucesso constante e até o aumento de produtividade das pessoas que você gerencia (afinal, isso justifica o fato de que mesmo que você tenha um crescimento exponencial, a equipe não cresça). Invente novos produtos, diga que eles são grandes sucessos.

Inflar seus números também vai naturalmente te ajudar nos negócios. Eventualmente algum endinheirado entediado vai se interessar por seu negócio e você não quer que ele o avalie pelo que ele vale de verdade, certo?

Ah, mais uma coisa importante. Tenha fãs que conseguem comprovar suas mentiras, tão fervorosos que vão te ajudar a manter a mentira a todo custo (afinal, eles não duvidam nunca que o que você fala é mentira). Pode ser um funcionário bobo ou um cliente iludido. Faça-os repetir o seu discurso, endeusar suas decisões. Isso é um grande multiplicador de tudo que você tem.

Se algum funcionário vier com a verdade, negue até a morte. Invente uma desculpa, explique e desqualifique a história que ele conta atacando as motivações dessa pessoa em falar o que ela está falando. E se essa pessoa tem como provar a verdade, você fez algo errado no caminho.

Manter uma postura acima do que você tem é a coisa mais importante de todas – e isso que eu estou falando é a mais verdade pura verdade. Agir pelo sucesso que se quer e não pelo sucesso que se tem resulta em mais dinheiro, fama, poder. É a regra de ouro de qualquer gestor moderno.

Lição II.2 – Não precisa saber. Só parecer que sabe.

Continuando a lição anterior, se a mentira do sucesso precisa ser uma mentira externa, existe uma outra que é interna, para dentro da sua empresa. É que você precisa passar para seus funcionários a imagem que você sabe de tudo, entende tudo e está acima de todos. Não precisa saber de verdade, só o necessário para conseguir enrolar e garantir o funcionamento da hierarquia dentro da sua empresa ou equipe.

Para isso funcionar bem, deixe muito claro que você não quer ser a babá de ninguém na empresa, assim que você conhecer as pessoas. Você está lá para demandar, não ser demandado. Não é seu subordinado que tem que te dar trabalho. É o contrário. Você pergunta o que você precisa saber, os seus funcionários te perguntam o que eles já deveriam saber (ou sua opinião, o que é um pouco diferente, mais sobre isso depois).

É ainda melhor que você mantenha uma distância natural para as pessoas. Isso é importante para que eles não te coloquem em situações chatas. E se eles insistirem muito, faça-se de irritado e mande-os buscar a resposta por eles mesmos. Algo na linha de "você deveria saber disso. Se vira, eu quero que você me mostre o resultado depois. Não vou te ajudar". Isso é bom.

Além disso, é interessante notar que ao mesmo tempo em que você se safa de uma chatice, você também treina aquela pessoa para ser melhor em sua função. Todo mundo sai ganhando e você ainda pode jogar na cara da pessoa que você a fez crescer na função dela.

Sobre tudo que você pode ser perguntado (sua área, se você não for o dono da empresa, por exemplo), tenha uma resposta na ponta da língua. E não aceite questionamento sobre isso. Sua palavra tem que ser final e ser entendida como a verdade absoluta. A vontade de Deus para o seu funcionário. Ele precisa obedecer.

A mesma regra vale quando você precisar prestar contas para investidores. Mostre confiança, sucesso e saiba exatamente quais palavras usar. Geralmente essa galera só quer saber de dinheiro, então se tiver tudo bem financeiramente, eles não estão nem aí. Se existe alguma coisa que está prejudicando as receitas e o lucro, saiba identificar e apontar responsáveis imediatamente. Mostre-se indignado, insatisfeito e possivelmente até mesmo desapontado com o desempenho. Deixe os investidores acreditarem que você compartilha toda e qualquer frustração que eles possuírem. E que você entende e tem as mãos nas rédeas da empresa.

Contudo, cuidado com eles. Com eles, é melhor não ter muita distância (principalmente se eles possuem poder de voto suficiente na empresa para tornar sua vida um inferno. É melhor cuidar para que eles não lhe incomodem com frequência. E sempre com a pinta de que sabe tudo, é relevante.

Lição III – Não aprenda a delegar. Delegue

Um dos maiores mitos urbanos na história do mundo do trabalho é aquele que diz que você precisa aprender a delegar. Essa frase ficou bonita, vou repetir: um dos maiores mitos urbanos na história do mundo do trabalho é aquele que diz que você precisa aprender a delegar. Geralmente esta ladainha é dita para aqueles proletários que querem fazer tudo, não tem alma de liderança. Deixe-os trabalharem em paz. Um gestor de verdade não precisa trabalhar. Na verdade, um gestor de verdade não trabalha. Faz os outros trabalharem para ele. Um líder não aprende a delegar. Ele delega.

Tenho certeza que a origem da palavra "gestão" é essa lá no latim, de onde essa porra vem. Significa "FAÇA OS OUTROS FAZEREM

AS COISAS POR VOCÊ" e foi inventada quando os romanos perceberam que era mais eficiente deixar os escravos trabalharem e eles ficarem debatendo a vida no Senado. Os Senadores eram os primeiros gestores da vida moderna. Pois é, João Carlos também é cultura e história! Afinal, é muito mais eficiente quando um pensa e coordena e o outro executa. É uma verdade tão grande que deveria estar na Bíblia.

E te falar, não tem nada melhor do que isso. Claro que hoje em dia não existe mais escravidão, então você tem que pagar (algum) salário para as pessoas. Mas saber gerir é sobre deixar os seus comandados crescerem e tomar responsabilidade pelo que fazem, sabe? Com grandes poderes vem grandes responsabilidades. Esse era o meu lema na minha empresa e vem funcionando excepcionalmente bem.

Óbvio que isso não vem de graça e que você precisa fazer as coisas certas para garantir o funcionamento perfeito desse esquema. Gestão boa e moderna é aquela que minimiza os riscos e aumenta a chance de sucesso – e você não faz isso deixando as pessoas sendo livres para fazer o que quiserem. Então delegue. Muito. Microgerencie certas pessoas até. Garanta que eles não tenham nenhum poder de decisão e liberdade criativa.

Tudo que você tiver para fazer, outra pessoa é que deve assumir. O tempo todo. A única coisa que lhe restará será fazer networking, tomar algumas decisões (principalmente para mostrar quem manda), responder seus e-mails e o WhatsApp. E ISSO JÁ É TRABALHO O

SUFICIENTE, TÁ OK? Mais que isso e, acredite, você vai começar a enlouquecer.

Tudo isso vai garantir uma rotina muito mais agradável para você, diminuindo as chances de que você tenha qualquer chateação associada ao trabalho, stress ou chatices. Delegar tudo é cuidar da sua saúde mental, é garantir sua sanidade. Está cheio de CEO que sofre Burnout por aí. Sabe o que é isso? A incapacidade de delegar com eficácia.

Ser um líder não é puxar a sua equipe. Júlio César (novamente, romanos) não estava no meio da batalha com os seus soldados. Estava na retaguarda, mandando ordens, delegando o tempo todo. O segredo do sucesso é esse: cada um exercendo o melhor possível sua função. Peões na frente e líderes atrás.

Lição III.2 – Corte as maçãs podres que não aceitam ordens

Eu ainda vou falar melhor sobre demissão, mas eu queria usar o gancho aqui da questão de delegar para lembrar de um tipo comum de funcionário que você precisa cortar: a maçã podre, insatisfeita com a posição que ocupa na empresa, com você, com as tarefas. Um tipo mais idealista e menos pragmático de ser humano. Só que vamos encarar a verdade: se idealismo fosse bom, ninguém ia detestar hippie.

Vamos começar pelo básico sobre nossos "amigos" pé no saco e como agir com eles. Você certamente vai encontrar gente na sua trajetória que não concorda com essa filosofia e que lhe demandará atitudes que você não quer tomar – nenhum processo seletivo que eu conheço consegue filtrar 100% este tipo de sujeito irritante. Esse pessoal precisa ser lidado com eficácia, ou eles vão fazer a tua vida um inferno.

Primeiro, eles vão ficar desmotivados, reclamar de um lado para o outro. Enfim, eles contaminam o ambiente da sua empresa de uma maneira muito ruim. Alguns tem salvação, outros não. Avalie bem e trate-os da maneira correta. Meu irmão, você precisa entender uma coisa: manda quem pode e obedece quem tem juízo. Se você não entendeu isso até hoje, repita isso no espelho TODOS OS DIAS, até internalizar isso bem.

Primeiro, dê um grande esporro neles. Mostre-os quem é que manda. Diga-os que você não chegou lá por acidente e jogue na cara deles tudo que VOCÊ fez (ou que as pessoas sob sua gestão fizeram, mas é muito importante entender que o crédito é seu por tudo isso). Quando eles se sentirem humildes, ofereça uma segunda chance, mas deixe claro que isso é uma última chance. Mais um deslize e RUA.

Se isso acontecer, mande embora sem NENHUM constrangimento e sem NENHUM remorso. Você vai me agradecer por isso. Maçã podre precisa ser eliminada. Garanta isso.

Lição IV – Tenha privilégios que são só teus

Um dos pontos mais relevantes de toda a experiência como chefe é a habilidade de poder decidir as coisas como elas deverão ser e a primeira coisa que você deve fazer é garantir privilégios que são só teus e de mais ninguém da sua empresa ou equipe. Beba a água mais limpa de todas e mostre que o poder tem seu lado bom. Isso serve para irritar os socialistaszinhos de plantão (aquela galera que acredita em direitos iguais dentro de empresa, dá para acreditar?) e inspirar os bobos e puxa-sacos.

Existem dois tipos de benefício: o implícito (não-escrito) e o explícito (o escrito). Saiba usar os dois de maneira muito eficiente. Ambos são muito importantes para sua gestão e para seu controle sobre as coisas. Alguns implícitos podem ser estendidos às pessoas mais leais da sua empresa, mas os explícitos você precisa ser um pouco mais rigoroso para não criar uma quebra de hierarquia (que seria altamente prejudicial).

Eu vou dar um exemplo bem simples de benefício implícito. Se todo mundo tem um horário a cumprir, faça com que o seu seja altamente flexível (e jogue isso na cara das pessoas chegando em horários loucamente diferentes). Eu fazia bastante isso, principalmente quando estava sem saco para aguentar a chatice do escritório. Você pode ser o último a chegar – e desde que saia 1 minuto depois do penúltimo a sair, ninguém vai saber a hora que você foi embora, certo?

Levantar no meio do dia e ir embora também é um privilégio que eu sempre me dei. Principalmente sextas-feiras, logo antes do almoço. Eu passava na frente da mesa de todo mundo, dava um tchau, desejava um bom final de semana e era isso. SEXTOU ali mesmo. Agora, você imagina outra pessoa da minha empresa fazendo isso sem sofrer consequências ou no mínimo um julgamento de valor? Claro que não. Esse benefício é meu e apenas meu.

Já um benefício explícito é quando você tem uma regra que cria um benefício real só para você. Na nossa empresa, tínhamos uma copeira. Ela estava ali para servir apenas ao CEO e os diretores, embora o pagamento de seu salário fosse feito pela XS Tech. Então no momento em que não estávamos (e isso era bem comum), as ordens dela eram de ficar descansando na copa. Os outros funcionários (e na época que a contratamos, só havíamos mais cinco funcionários) não podiam pedir absolutamente nada para ela – mesmo que ela estivesse completamente sem fazer nada.

E claro, quando estávamos presentes, garantíamos que a copeira nos proporcionasse uma sensação de luxo. Muitas vezes, ela preparava nosso café ou chá da tarde e nos trazia em uma bandeja, passando por toda a empresa ao fazer isso. Era lindo ver a cara de otário de alguns colaboradores quando isso acontecia. Eu ria, embora não pudesse mostrar isso para ninguém (obviamente).

Você tem que entender que a responsabilidade de liderar uma empresa é muito grande – e pessoalmente eu só conseguia aguentar essa responsabilidade se eu tivesse alguma diversão junto com isso, então você acaba colocando certos confortos na conta da empresa. Normal. Todo empresário, maior ou menor, faz uma coisa dessas em algum momento da carreira.

Misturar meu patrimônio e da empresa sempre foi normal, mas eu tinha que garantir que ela funcionasse principalmente para mim – eu não queria que aquele patrimônio fosse direcionado para outras pessoas, pois isso seria um saco sem fundo. Vamos falar disso daqui a pouco no livro, espera só um pouco.

O fato é que é essencial garantir benefícios exclusivos pelo fato de que você é o dono ou o chefe. E se isso vem com uma responsabilidade extra que é gigantesca, também tem que vir com ganhos não-financeiros diferentes do que todos possuem, correto? E que quem reclame vá chorar na cama que é um lugar quentinho.

Lição V – Cobre exclusividade, mesmo que você não seja exclusivo

Um dos outros pontos que eu sempre ressalto é que você deve ter a capacidade de "trabalhar" com mais de uma empresa ao mesmo tempo. Enquanto você gerencia a sua, faz a gestão da sua equipe e desenvolve, tenha espaço na sua agenda para "tutorar", "mentorar" e participar de conselho de diversas outras companhias de amigos seus. Tudo isso remunerado. Sempre (mesmo que a remuneração não seja exatamente financeira).

Isso é importantíssimo para sua carreira, para sua reputação e para criar repertório e networking. Trabalhar com os outros é sempre relevante. Você precisa estar sempre sendo visto, chamado, conversado. Quem sabe você não é chamado para fazer umas palestras por aí por conta disso?

Eu já fiz várias e ainda faço. Principalmente na época que estava para sair da XS Tech. Até palestra em cinema eu fiz (é lindo você conseguir fazer a sala gritar junto contigo, em uma espécie de transe). Dá mais dinheiro que qualquer outra coisa que você queira fazer, é só arranjar um bom agente e ter as conexões corretas.

Agora, se você tem autorização para trabalhar com outras empresas o tempo todo, isso precisa ser COMPLETAMENTE NEGADO para todos os funcionários da sua empresa. Esses precisam ter exclusividade. É que nem as Casas Bahia: DEDICAÇÃO TOTAL A VOCÊ.

Esse é mais um dos benefícios que só você pode ter dentro da empresa, mas os funcionários não. Mas esse é um dos implícitos. Lembro-me de quando contratei um funcionário que estava querendo sair da sua empresa para poder tocar sua startup junto com o emprego – coisa que a empresa antiga não aceitava bem. Claro que eu aceitei, falei que tinha total apoio e que até gostaria de conhecer o que ele estava criando.

Ele veio trabalhar conosco e, naturalmente, eu não poderia cortar isso de cara. O chefe dele, porém, podia – e começou a demandar atenção full-time, o que era incompatível com as vontades e sonhos dele. Quando ele veio falar alguma coisa comigo, a minha resposta foi bem vaga... algo do tipo... "é, só toma cuidado para não perder muito o foco aqui... ou...". Pronto, ele entendeu o que exclusividade significa de maneira prática e rápida.

Destaco que até mesmo os projetos pessoais precisam, de alguma forma, estar alinhados aos interesses da empresa. Se eles estiverem escrevendo um livro, por exemplo, faça questão de que eles mencionem, adulem, façam de alguma forma a sua empresa seja beneficiada e você também. Para isso, garanta que todos os funcionários possuem uma espécie de contrato de cessão de imagem – é super simples, fácil e impede que eles usem a sua empresa para se auto-promover, enquanto deveria ser o contrário. Peça djá ao seu jurídico para resolver essa questão.

Lição VI – Cabeça de dono é só para o dono

Pulando para mais um assunto espinhoso. Quantas vezes já ouvi essa galerinha de terno, eleitora do partido Novo, que trabalha na Faria Lima em São Paulo ou no Leblon no Rio de Janeiro. Vila Olímpia e Barra da Tijuca servem também. O resto do país que me perdoe, mas eu não sei qual é a área do mercado financeiro na sua cidade. Essa galera tem um discurso "moderno" de gestão, cujo ponto central é: todo mundo tem que pensar com cabeça de dono.

Não tem ideia mais bosta que essa, com o perdão da expressão. Quem tem que ter cabeça de dono é o dono, peão tem que ter cabeça de peão. Ponto. Cada um tem que ter a cabeça que lhe convém ou a empresa vira um emaranhado de gente achando que tem responsabilidade que não tem. E não apenas responsabilidade, mas direitos também.

Sabe o que é cabeça de dono? Cabeça de dono é aquela que é feita para decidir e aproveitar as benesses, poder misturar o patrimônio da empresa com o pessoal e ter a liberdade de trabalhar quando quiser. Já imaginou se todo peão tivesse essa mentalidade? Destruiria a empresa, com certeza.

Então eles vieram com um papinho de "pensar como dono" que é basicamente a) AUSTERIDADE MÁXIMA e b) O que você fizer precisa beneficiar a empresa em primeiro lugar. Desculpa, mas isso é cabeça de empregado, não de dono. Parabéns, você foi enganado com sucesso pela galera do Partido Novo (ah, a grande maioria nem deve votar no Partido Novo, mas desculpa, executivo de mercado financeiro é tudo igual). Se vem com papinho de "gestão moderna, transformar em sócio, queremos donos e não funcionários", eu já desconfio.

Algumas das empresas do Brasil com o clima mais tóxico seguem essa cartilha aí. Sabe por quê? A maioria das pessoas que fazem isso aí são banhadas na hipocrisia. Eu não: tenho a MINHA CABEÇA DE DONO e garanto que só eu pense assim em uma empresa que é MINHA. O resto que pense como peão mesmo.

Então estimule o peão a ser peão. Trabalhar várias horas a mais sem reclamar (achando que está fazendo um bem para ele mesmo ao fazer isso), deixar de lado toda e qualquer reclamação possível e NUNCA gastar R$ 1 do dinheiro da empresa que não seja justificado. Mantenha essas duas mentalidades muito bem separadas dentro da sua empresa.

Na nossa, tínhamos uma política muito interessante de "valorização do Peão". Claro que não tinha esse nome. A gente sempre prometia pequenos pedaços da empresa para quem se destacasse (e claro, o sujeito precisava pagar a entrada dele), então todo mundo era LOUCO para se destacar de todas as maneiras possíveis. Trabalhar até muito mais tarde, trabalhar nos sábados sem tirar um dia de folga na semana, trabalhar de casa, responder as mensagens da empresa no WhatsApp em horários impróprios (por exemplo, de madrugada).

Lembro de uma época em que estávamos fazendo uma série de palestras no sábado para quem estava assinando nossa solução. Elas começavam às 9h e iam até as 16h da tarde. Só que a galera precisava chegar 7h para montar a estrutura. Eu chegava 8h55, fazia a palestra de abertura e logo mais, antes da hora do almoço, eu já estava em casa. Ver tudo para quê?

Cabeça de dono é isso aí. É poder fazer o que quiser, estar acima de todos e de tudo e poder misturar o patrimônio próprio com o da empresa. Deus me livre que todo mundo seja assim dentro de uma empresa. Não funciona, simplesmente.

Lição VII – Ego, logo sou

O próximo tema é relativamente rápido de explicar: você é o seu ego. Você precisa conseguir colocar você em primeiro lugar, sempre e deixar muito claro, para todas as pessoas, o que são suas grandes realizações. Por isso, martele sempre tudo que você puder o tempo todo. Isso significa, por exemplo, lembrar as pessoas de que você começou a empresa "só com a companhia de Deus e das dúvidas".

Mesmo se você tiver um sócio no começo, e que não existe mais na empresa, ressalte sempre que tudo aquilo é ideia sua e realização sua.

É o que eu fiz com o Netto. Ele me ajudou a montar a empresa, como eu já lhe contei, mas saiu no segundo ano de existência, quando ainda éramos uma pequena sala em um prédio comercial perto da 23 de Maio em São Paulo (quando eu saí, nossa sede ficava em um coworking bacana em Pinheiros, tomando um andar inteiro). A partir daquele momento, ele virou história para alimentar o meu ego publicamente. Passou a ser de um sócio para um funcionário glorificado: eu tinha as boas ideias, ele executava. Em outras palavras, toda a empresa se tornou eu e a extensão do meu ser.

Você é isso, é a forma como você se apresenta para o mundo. Seja agressivo em ressaltar suas qualidades e as pessoas só terão tempo de debatê-las, esquecendo todos os seus defeitos. Terá pessoas que vão funcionar como detratores, mas outras vão se apaixonar por sua figura pública e te defender fervorosamente. Funciona muito bem.

Lição VIII – Cartão corporativo é seu, as despesas são suas

Dinheiro é o grande objetivo de toda empresa. Esqueça aqueles idiotas que vem com a história de construir um propósito, função, impacto social e o caralho. All that matters is that green bill. APENAS. E de onde vem esse dinheiro? Da sua empresa, claro. Garanta o recebimento de dividendos mensais (como salário, eles não pagam imposto e você tem direito), mas também garanta que você possa passar o máximo de gastos pessoais na conta da empresa.

Afinal, cada real que você economiza passando para a empresa é um real que sobra na sua conta no final do mês e que você pode gastar de outra forma! É a forma mais fácil e direta de ter um bônus.

Afinal, você é a empresa. Lembra da cabeça de dono? É isso aqui. Essa é a representação mais fiel dela. Por isso você não quer nenhum peão maldito pensando igual você. Só você, seja fundador ou um chefe, tem direito de fazer isso.

Lembro-me muito bem de uma época em que todas as minhas refeições dos dias de semana eram pagas pela empresa. Eu não precisei desembolsar um centavo. Também ia e voltava de Uber para casa pela conta da empresa. Enfim, não gastava um real durante a semana em absolutamente nada. Era uma delícia poder olhar para minha conta bancária e não ver uma única despesa.

Claro que com o desenvolvimento da empresa e a entrada de outros sócios e investidores, acabou desenvolvendo um controle e uma separação maior entre as contas da empresa e as minhas. Contudo, se você é um gestor criativo, você consegue desenvolver desculpas e razões que façam com que seja justo e correto que a empresa pague coisas pessoais. Você consegue!

Vamos começar pelas despesas mais óbvias: alimentares. Tente colocar todos os seus almoços na conta da empresa de alguma forma, basta você soltar a velha história do "almoço a negócios" se alguém lhe perguntar alguma coisa. Com isso, você vai nos melhores restaurantes, passa o cartão corporativo e esqueça de gastar o seu próprio dinheiro.

Se ficar até tarde no escritório, também tem uma desculpa para colocar o café da tarde (mande um estagiário ir comprar pão de queijo) e o jantar. Com um escritório separado do resto da empresa, você pode ficar lá por horas fazendo nada e ninguém vai lhe encher o saco.

Se estiver viajando, melhor ainda. Todos seus custos: alimentares, locomoção, estadia, precisam ir para o cartão e para a conta da empresa. Se você está fora da sua cidade a trabalho, significa que você está fora da sua rotina o tempo todo – trabalhando o tempo todo, por assim dizer. Nada mais justo do que a empresa cobrir todas as suas despesas neste período, não é mesmo?

A mesma coisa se você precisar se mudar de cidade por causa da empresa – ou montar uma casa em outra cidade para passar a semana. Então é justo que ela pague seu aluguel, sua mudança, todos os gastos que estão associados com isso. E claro, a sua passagem de volta para a sua cidade no final der semana... nada disso tem que sair do seu bolso!

Lição IX – Funcionário se trata na austeridade

Enquanto a empresa paga todos os seus custos, você precisa entender que funcionário se trata com austeridade. Minha frase clássica, em toda as reuniões eu a repetia, era a de que eu não queria pagar os melhores salários e nem ter os melhores mimos para os funcionários. O que eu queria era pagar os melhores bônus (no formato de PLR, vamos falar disso mais tarde) e garantir que as pessoas tivessem a oportunidade de virar sócios (e ganharem dinheiro quando saíssem). Essa historinha consegue encantar muita gente que não sabe fazer a conta.

Quem virou sócio, de fato, conseguiu uma oportunidade para ganhar dinheiro. Isso eu admito. Só que foram poucos. Eu vou falar melhor dessa história um pouco para frente. Mas essas eram as únicas pessoas que eu, admitidamente, deixei que ganhassem dinheiro (e mesmo assim, depois de garantir muito mais para a empresa e para o meu próprio bolso). Essas são as pessoas que tem que ser os otários leais.

Já o bônus... o bônus podia até ser interessante, quanto posto próximo do salário. Mas era imprevisível e arbitrário: você me dá qualquer motivo para dor de cabeça e eu vou cortar seu bônus. Um ótimo método de controle social.

Todos os benefícios, como vale-refeição, vale-transporte e tudo mais... sempre entregue o mínimo possível para o seu funcionário (siga a lei). Quanto menos você pagar, é sempre melhor para sua empresa: afinal, dinheiro não dá em árvore e você tem que cuidar da rentabilidade dela, não é mesmo?

E mantenha sempre esse discurso de estarem plantando alguma coisa hoje para plantar amanhã, seja isso através de bônus ou através de sociedade. Esse dinheiro só deve ir para o bolso deles depois do funcionário já ter se pagado diversas vezes. Demore anos para transformá-los em sócios e use isso para segurá-los em situações que lhe são pouco favoráveis. Mas vamos falar melhor de sociedade em outro momento.

O importante aqui é saber que você precisa gastar o menos possível no dia a dia com seus funcionários, e se possível, segurar os gastos altos com eles por anos e anos, até que aquela "dívida" esteja paga. Austeridade é muito bem aceita por todas quando é tratada pelo ponto de vista ideológico: você não quer ser o Google (cheio de coisas boas para os funcionários) para ter dinheiro para pagar bons bônus.

Assim, os funcionários também trabalham sem nenhuma distração – imagine ter massagem de graça e acabar passando um tempão. Videogame no ambiente de trabalho? Nem pensar, isso é abrir a porta para que as pessoas passem mais tempo protelando trabalho do que de fato trabalhando.

Então um ambiente "limpo", sem distração e sem bons salários é o melhor lugar para você jogar aquela cenourinha na frente e deixar o pessoal se matar. E quando eu digo o pessoal, eu quero dizer o pessoal: fique longe dessa mentalidade de se matar de trabalhar para ganhar uma grana significativa lá na frente. Para você tem os benefícios que foram barrados para todos, lembra?

Lição X – Gestão é igual política: prometa, mas não faça

Agora que falamos da "cenourinha" e sua importância, vamos destacar outro ponto: PROMESSAS. Como gestor, sua vida acaba sendo prometer a coisa para os outros e para os clientes. Saiba prometer como um político. É uma arte conseguir fazer promessas e garantir que elas não sejam cumpridas, mas que a pessoa também não possa reclamar por aí do não cumprimento. É uma das principais habilidades que você precisa aprender como gestor.

Primeiro, para funcionário você nunca deve GARANTIR nada. Sempre prometa LUTAR por alguma coisa, nunca algo que depende apenas de você. Vamos supor que uma pessoa venha pedir um aumento de salário – e que você acredite que não tem como negar logo de cara. A sua primeira reação deve ser de entender a justiça do pleito daquela pessoa, mas garantir que, infelizmente, há processos que devem ser seguidos e que lhe impedem de garantir isso logo de cara. Prometa conversar com o seu diretor financeiro, jurídico ou qualquer tipo de pessoa que possa ser responsável por isso. E adie a conversa.

Se essa pessoa lhe cobra com frequência o resultado desta promessa, dê respostas vagas, do tipo "ainda não conseguimos falar deste assunto" ou "temos uma fila de aumentos, garanti que você esteja nela". Essa última desculpa é muito boa para situações que envolvem salário. Como a remuneração das outras pessoas acaba sendo um tabu, você nunca precisa falar quantas pessoas estão na fila, ou se a fila está andando. Apenas que existe uma fila de pessoas que deverão receber um reajuste em suas remunerações.

Ah, um truque muito bom que fazíamos na nossa empresa era de mascarar dissídios em aumentos. A grande maioria das pessoas fica extremamente feliz com essa resposta e nem sabe que era fruto do acordo coletivo de suas categorias... se teu segmento tem isso, mascare. Faça parecer que é uma decisão sua e apenas sua. É uma excelente forma de ganhar pontos com a peãozada por algo que você ia ser obrigado a fazer de qualquer forma.

Se a promessa é um pouco mais direta, por exemplo visitar um lugar ou fazer um curso, faça – mas peça para que a pessoa fale com outra pessoa para operacionalizar. E se essa outra pessoa vier atrás de você para lhe perguntar se deveria ou não, apenas desconverse e enrole a questão. Funciona muito bem também.

Promessas que só dependem de você devem ser evitadas a qualquer custo. Essas são impossíveis de dar desculpas por muito tempo, então você acaba sofrendo o julgamento do funcionário e ele fica insatisfeito. Só faça isso se você for MUITO bom de lábia, o que é uma qualidade muito boa para se ter em cargos de gestão.

Para clientes, a lógica é um pouco diferente. Você precisa GARANTIR que aquilo que você promete é entregável (mesmo que, no fundo, você saiba que não é) e manter essa promessa até o momento que o negócio é fechado. Procure já motivos para que aquilo ali não seja aplicável a realidade da empresa dela, colocando a culpa em partes do processo que não são exclusividade sua.

Por exemplo, na XS Tech tínhamos uma solução de controle de estoque e vendas muito útil para bares e restaurantes, mas que demorava um pouco para ser implementada. Geralmente, prometíamos a implementação em poucos dias, mas ao começar a trabalhar nisso, nossa equipe técnica começava a levantar problemas sérios em relação ao sistema legado dos clientes – e isso acabava "gerando atrasos". O cliente até ficava chateado, mas geralmente colocava a culpa no seu antigo fornecedor e não na nossa empresa.

Essa também é uma excelente oportunidade de falar com estes clientes e fazê-los comprar outro produto seu. A "frustração" de uma promessa não cumprida por causa dos erros de um terceiro é um excelente elo que se forma entre você e o cliente, e que pode ser aproveitado para que você passe um novo produto que seja a solução para o problema desse cliente. É maravilhoso poder fazer omelete com esse ovo.

Lição XI – O sucesso de tudo é seu, nunca deixem roubar seu mérito

Um ponto relevante de se falar aqui é que tudo que acontece de bom, é mérito seu. Uma vez eu vi numa dessas empresas que fazem turismo no Vale do Silício que "você não faz sua empresa, você monta o time e o time faz a empresa". SÁBIAS PALAVRAS (embora esse pessoal que baba ovo do Vale do Silício também seja um saco). Isso significa que qualquer coisa que seus escolhidos fazerem de certo, é mérito seu. O sucesso da sua empresa é seu, de mais ninguém.

Então fique sempre atento para chamar todas as atenções para você e assumir a responsabilidade por tudo que os outros fazem de certo. Se há elogios rolando em um grupo de WhatsApp, por exemplo, vai lá e garanta que AQUELE ELOGIO é para você também. Sempre fale para todo mundo que você "os ensinou muito bem". Responsabilize-se por tudo que dá certo.

Ideias que fazem sucesso? Você precisa assumir a autoria e garantir que todo mundo se lembre constantemente disso. Eu costumava ficar jogando na cara de todo mundo que aquilo era realização minha: mesmo quando eu não tinha feito absolutamente nada, apenas tido a ideia.

Isso também significa ficar constantemente chamando a atenção para suas realizações publicamente, através de posts no Instagram e no LinkedIn, que são as duas maiores redes sociais para você realizar este tipo de trabalho de marketing pessoal importantíssimo. Além disso, use sempre a imprensa a seu favor. Vamos falar tanto do LinkedIn quanto da imprensa ainda, mas tenha uma coisa em mente: seu nome é responsabilidade sua e você precisa estar sempre montando-o.

Empresas são temporárias. Você pode estar em uma hoje, vendê-la uma pouco mais para frente e fundar outra. Seu nome, porém, é eterno. É a coisa mais importante que você carrega por aí de um lado para o outro. Então, fortaleça-o. Vai inclusive te ajudar a ter jornadas mais fáceis para frente e, caso seja do seu interesse, encontrar um emprego (argh).

O meu nome, João Carlos Amorim Battisti, é forte no mercado. Graças a ele eu consigo falar com quem eu quiser em pouquíssimos minutos. Por causa do meu nome você comprou este livro aqui.

Se eu nunca tivesse buscado tomar as rédeas e assumir todo o sucesso que é meu de direito, talvez meu nome não fosse tão forte. Meu primeiro chefe, na vida, disse a seguinte frase: "ninguém é insubstituível". Acho isso uma mentira, mas ela quer dizer duas coisas muito importantes para sua carreira. A primeira, você pode assumir o protagonismo de qualquer pessoa – se ela não gostar, tchau. Segundo, com esse tipo de atitude você cria uma atmosfera que indica que você próprio é insubstituível. E isso é ótimo para qualquer momento de carreira que você estiver.

Lição XII – Coloque a culpa nos outros...

Vamos falar agora de um clássico, mais famoso que o Big Mac do McDonald's (mais importante também). Essa lição é tão clássica que poderia se chamar "Beethoven". Sério. Trata-se da arte de colocar a culpa nos outros. É algo quase que instintivo, usado pela grande maioria dos gestores em toda a história: o famoso "colocar a culpa nos outros". Parece que é fácil, mas não é.

Primeiro, se todo o mérito é seu, até as coisas que você não fez, então toda a culpa der algo errado é dos outros (até para as decisões que são suas). Isso é extremamente importante e deverá ser feito com maestria, se tornando algo muito natural para você. Se bem executado, até no seu casamento você estará utilizando essa lição (o que é um pouco perigoso, a depender de quão brava for sua esposa).

Entenda que ser você é o gênio da operação, é extremamente comum que muitas pessoas não consigam acompanhar sua genialidade – ou executar com perfeição aquilo que você traçou para elas. Então é comum que uma boa ideia sua seja jogada no lixo por um executor ruim, que não entendeu direito o que era para fazer e acabou por fazer algo completamente errado, longe daquilo que era imaginado. Estragaram sua ideia, esses idiotas.

Vou dar um exemplo muito simples: tínhamos um software muito bom, que teve um grande sucesso no primeiro semestre do ano de 2017. Tomei a decisão de aumentar o preço, de R$ 500 mensais para R$ 800 mensais, para novos contratos firmados após o fim de junho (ou seja, para o segundo semestre de 2017). Não é um aumento relevante, você há de concordar comigo.

Fizemos uma meta para novos assinantes, de 200 no primeiro semestre para 500 no segundo semestre – a despeito desse aumento de preço. O resultado que tivemos foi de 150 novos assinantes, bastante abaixo da meta que colocamos para o time de vendas. O que aconteceu? Foi a minha decisão de aumentar o preço que causou a queda de novas assinaturas ou foi a incapacidade do time de vendas de explicar os benefícios deste software para os potenciais clientes? Eu acredito fortemente que é a segunda opção.

No fundo, não importa de quem é a verdadeira culpa neste caso (ou em tantos os outros). Importa quem você, como gestor, responsabiliza e quais medidas são tomadas para resolver a questão. E neste caso, tomamos várias, nenhuma delas culpabilizando o aumento de preço – o que fizemos foi fazer algumas alterações no time de vendas (mandar embora o responsável por tal, contratar um novo chefe para a área e aumentar o poder de fogo do time com o aumento de equipe) e na meta do primeiro semestre de 2018. Isso "resolveu" a questão, jogando para longe a ideia de que o que havia sido errado era o aumento de preço.

Na verdade, neste caso, foi muito importante manter o preço – isso elimina a possibilidade de que a empresa entenda que o erro foi seu. Há um responsável público e ele paga pelo que aconteceu. A culpa neste caso é 100% transferida e você se safa de qualquer questionamento. Ah, não deixe de falar para todos que você puder sobre o ocorrido e como o outro é o verdadeiro culpado pelos fracassos da empresa – e não tenha medo de mudar e reformular tudo, algo que vamos falar com mais atenção mais para a frente.

Lição XII.2 - ...principalmente quando eles não estão presentes

Continuando a lição anterior, eu quero dar um toque tão importante que merece um subcapítulo só para isso. É muito importante que você coloque a culpa nos outros quando eles não estão presentes para se defender. É o momento de eficácia máxima deste tipo de política. É o sonho de todo gestor poder colocar a culpa em alguém que não pode falar um ai.

Faça isso com cuidado, é importante até mesmo para poder distribuir as culpas dentro da empresa e garantir que não exista "perseguição". Se você culpa a todos de poucos em poucos, não existe ninguém que se sentirá entre a "cruz e a espada". Ou todos se sentem um pouco ameaçados, o que ajuda a todos a trabalharem melhor.

Vou dar um exemplo prático: toda segunda-feira tínhamos uma reunião entre diretores e gerentes da empresa, em que participavam também os investidores e o CEO (no caso, eu). Esse era o momento perfeito para "distribuir" as culpas dentro da empresa.

Toda vez que não estávamos batendo uma meta, um investidor vinha e perguntava o motivo pelo qual não estávamos batendo aquela determinada meta – era sempre algo ligada ao financeiro da empresa, já que investidor só se importa com isso. Eu levantava o pescoço e fazia uma avaliação breve de quem estava ali na reunião naquele momento.

Sempre existia alguém que tinha faltado a reunião, por um motivo ou outro – seja férias, outra reunião no mesmo horário ou simplesmente por estarem cheio de coisas para fazer. Então sempre havia uma pessoa que poderia ser culpabilizada pelo desempenho ruim da empresa – fosse ela de vendas para clientes pessoa física, vendas para empresas, conteúdo, desempenho, relacionamento com clientes... enfim, muita gente.

Lição XIII – Bill Gates estava certo sobre o preguiçoso. Mas só se o preguiçoso for você.

Bill Gates sempre foi um dos meus ídolos, mas eu discordava profundamente do quanto ele trabalhava na época da Microsoft. Dizia ele que ele passava horas e horas programando todos os dias em todos os primeiros anos da empresa. Pelo amor de Deus... isso não é nenhum pouco produtivo. Ele precisava aprender a delegar, coisa que ele eventualmente conseguiu e a empresa se beneficiou disso, tanto que chegou ao topo somente depois dessa mudança de mentalidade.

Importante falar sobre o Bill Gates uma coisa: ele tem uma frase clássica afirmando que prefere contratar gente preguiçosa, já que essas pessoas vão se esforçar para resolver os problemas da maneira menos trabalhosa (portanto eficiente) possível. Isso é verdade, mas apenas se VOCÊ for o preguiçoso em questão.

Explico. Uma empresa precisa de equilíbrio, precisa de gente que pensa em solucionar as questões e as pessoas que executam aquilo que foi pensado. Você, como gestor, precisa ser o preguiçoso, que procura o jeito mais eficiente possível para solucionar uma questão. Depois disso, passe para alguém e fale "te vira".

E deixe as pessoas se virarem de verdade, embora você tenha que ter sempre uma preocupação se elas estão fazendo isso no horário correto ou não – afinal, você não quer pagar hora extra ou ter passivo trabalhista. Mantenha-os em rédeas curtas em relação a isso.

O fato é que você precisa ser o cabeça da operação, mas isso significa buscar sempre o caminho mais eficiente e menos trabalhoso possível. Bill Gates estava certo, mas isso é melhor para um cargo de gestão do que para um cargo de execução. Tenha sempre em mente que o quanto mais eficiente você for, mais eficiente será sua empresa como consequência.

Um líder que procura resolver tudo da maneira mais trabalhosa possível passa uma mensagem errada para seus comandados. Passa a mensagem de que a empresa pode ser ineficiente se trabalhar muito. E isso acaba se resultando em pagamento de horas extras e formação de bancos de horas, coisas que você deve evitar a qualquer custo, não é mesmo?

Então vire a chavinha e seja um gestor preguiçoso. Isso será positivo para sua empresa.

Lição XIV – Domingo é um excelente momento para "trabalhar"...

Trabalho. Vamos dizer que esse nunca foi meu forte, mas eu sempre deixei as pessoas pensando que eu era extremamente trabalhador – uma percepção sobre você que vai te ajudar e muito durante sua trajetória, sem dúvidas. Para isso, eu desenvolvi algumas técnicas que mostravam os períodos em que eu mais trabalhava para as pessoas, assim elas sempre tinham a impressão de que eu estava trabalhando, quando, na verdade, eu estava apenas enganando.

Essas técnicas eu desenvolvi quando era um estagiário ainda, ou seja, por incrível que pareça, podem ser colocadas em funcionamento por qualquer pessoa – gestora ou não. Só que se você é um gestor, então é natural que ela brilhe ainda mais. Trata-se de mostrar que está trabalhando em horários que ninguém trabalha.

Chegue cedo no escritório e tire uma selfie. Saia muito tarde e também tire a selfie que prova que você esteve lá. Use os grupos de WhatsApp para deixar bem claro que você esteve "trabalhando" neste período. Comente com as pessoas que é muito mais produtivo quando ninguém está por perto – ninguém precisa saber que, na verdade, você é muito mais produtivo no Candy Crush no seu celular do que no seu trabalho propriamente dito.

Contudo, não importa o que você fizer. Existem dois momentos que são muito, mas muito melhores que todos os outros quando falamos de "trabalho": domingos e madrugadas. Esses são os dois momentos em que NINGUÉM está trabalhando, ou pensando em trabalhar e, portanto, aparecer trabalhando nestes momentos é ouro.

Claro que você não precisa trabalhar em nenhum destes dois momentos, só precisa aprender a enganar.

Os domingos são um pouco menos efetivos, mas não requerem que você fique acordado em momentos em que você usualmente não estaria. O que eu costumo fazer é usar o grupo de WhatsApp geral da empresa para começar a dar algumas ordens e começar a falar da semana. Algumas pessoas vão responder e você pode iniciar uma conversação com várias pessoas – que certamente vão lembrar que você está trabalhando no domingo.

Seja inconveniente, trate de assuntos que poderiam esperar a segunda-feira. Mostre sua criatividade e empolgação em todos os momentos – mostre-se muito interessado em tudo que pode acontecer na semana. Solte frases motivacionais para todos, destaque o quanto você está feliz pelo dia seguinte ser um dia útil.

Aproveite para fazer tudo aquilo que você não faz durante a semana. Seja o mais presente possível. Durante a semana as pessoas estão terrivelmente atarefadas e só vão se lembrar do seu lado trabalhador, que passou o domingo planejando e delegando. Algumas pessoas podem até te chamar de pecador por trabalhar no domingo, o que é ótimo. Responda que este é um pecado que vale muito a pena cometer.

Também mande e-mails, principalmente para as pessoas que não veem o WhatsApp durante os domingos. Ah, e passe a semana inteira COMENTANDO sobre os e-mails que você mandou para as pessoas durante o domingo. Isso vai garantir a sensação entre todos que você trabalha para caralho.

Em feriados, faça a mesma coisa no último dia antes de voltar para o trabalho – mas com a diferença de poder falar que você detesta feriados e que o Brasil é uma merda por conta do excesso de dias em que as pessoas não trabalham. Destaque que um feriado é basicamente inútil, pois as pessoas não trabalham, a economia não gira e a sua empresa não ganha dinheiro. Termine com alguma frase do tipo "MAS O DIA DE AMANHÃ A GENTE VAI COMPENSAR EM GALERA!".

Mesmo que pouca gente preste atenção e só vá ver as mensagens efetivamente na segunda-feira, você fez sua parte. Você enganou todo mundo de que você se preocupa e agora pode tirar todo o resto da semana para si. Parabéns!

Lição XIV.2 - ...mas a madrugada é AINDA melhor

Contudo, tem mais um momento maravilhoso para você mostrar serviço. Ainda melhor que os domingos. Eu até demorei para perceber o poder das madrugadas, mas quando percebi, comecei a colocar em prática o tempo todo. É FENOMENAL, o melhor momento para você enganar as pessoas de que você está trabalhando. Mermão, isso aqui é ouro que eu estou te ensinando, só este capítulo já vale o preço do livro.

Vamos começar pelo óbvio. Não tem NINGUÉM trabalhando ou online de madrugada e ninguém pode atestar o quanto você esforçou ou não neste período. A única coisa que existe é a possibilidade das pessoas verem o que você fez, como paleontólogos que procuram ossos de dinossauro. Sim, você precisa deixar rastros, fósseis, coisas grandes o suficiente para que as pessoas vejam no dia seguinte.

Basicamente, eu tenho um método de atuação que é muito seguro para as madrugadas: mandar e-mail para as pessoas, possivelmente para todas as pessoas envolvidas na empresa. Mensagens longas, que você pode escrever durante o dia e segurar para mandar apenas de noite – como se você tivesse escrito ali, naquele momento.

Funciona melhor se você estiver puxando a orelha das pessoas, como se aquele assunto fosse tão sério ou urgente que acaba por interromper qualquer possibilidade que você tivesse de dormir e descansar nos horários que as pessoas fazem isso normalmente. Se as pessoas tiverem medo de receber suas mensagens durante a madrugada, melhor ainda.

Você passa uma mensagem de atenção, cuidado e preocupação que não necessariamente é verdadeira. No meu caso nunca foi. A maioria dos e-mails que eu mandei durante as madrugadas poderia muito bem ter esperado o dia seguinte, mas as pessoas começaram a ter medo de errar por conta disso. Ou seja, além de enganar a equipe, eu também conseguia fazer com que os meus funcionários fossem mais eficiente por conta disso. Era win-win total neste caso.

E qual o benefício de enganar a empresa para acharem que você estava trabalhando de madrugada? Significa que você teve uma noite de sono muito atípica – sobretudo se você mandar um e-mail por volta das 4 horas da madrugada, as pessoas pensam que você não dormiu nada!

Isso garante a possibilidade para que você chegue mais tarde no dia seguinte e saia mais cedo. Além disso, é a desculpa perfeita para chegar de mau humor e ser grosso com todo mundo. Isso ainda lhe garante um pouco de "bolha", já que as pessoas vão ter medo de chegar perto de você. Fique o dia todo murmurando, mostre-se cansado, porém realizado. As pessoas vão respeitar o seu senso de urgência e os idiotas úteis vão te admirar ainda mais.

Um bônus muito legal é que você pode combinar os e-mails de madrugada com alguns e-mails respondidos pela manhã. Isso vai dar uma sensação de onipresença para os funcionários, como se você nunca descansasse ou saísse de perto. Eles vão entender que sua vida e sua dedicação são para a sua empresa – e portanto vão questionar pouco sua liderança.

Essa ilusão de que você é extremamente trabalhador é excelente para que as pessoas obedeçam suas ordens cegamente. Você cria exemplos dentro da empresa, sem necessariamente precisar fazer o trabalho duro para isso. Além disso, facilita na hora de conseguir investidores, já que eles são muito mais propensos a investir em gente trabalhadora do que em gente que não é.

Então aproveite, que essas discas são duas das melhores dicas que você pode ter aqui neste livro. Como eu disse, só elas já valeriam o preço que você pagou. Mas tem mais, muito mais nas próximas páginas – e eu não estou mentindo.

Lição XV – "Eu pago seu salário"

Anote esta frase que dá nome a esse capítulo. Ela provavelmente será dita diversas vezes ao longo da sua carreira de gestor, e é importante que você a tenha na ponta da língua, para soltar no momento certo. Ela é importante e um apelo a autoridade tão grande que chega a doer em quem ouve. Mas é extremamente efetivo para colocar as pessoas no lugar certo, com a mentalidade certa. Você vai tirar qualquer mentalidade de dono que elas tiverem (já concordamos que só você tem que pensar como dono).

Passe o tempo todo lembrando que a empresa é um fruto seu, sua ideia, seu trabalho, seu suor. E que se você é o responsável por tudo aquilo, você é o responsável pelo trabalho e pelo salário daquela pessoa. Você é o sol, da qual tudo na empresa é derivado. É um ponto de manutenção de poder, força e hierarquia. Afinal, somos nós, empreendedores, que geramos riqueza e empregos para toda a humanidade!

Contudo, isso é uma grande balela, nenhuma empresa existe sem todas as pessoas que as compõem. Acho isso meio óbvio para todas as pessoas que possuem cargos de gestão na vida. São elas que, no fundo, estão pagando o seu salário (teu pro labore, teus dividendos, você me entendeu, amigão). Se elas soubessem disso, teríamos uma revolução.

O grande lance é que você que tem que viver deles e não eles que precisam viver de você. Por mais que você deixe claro para eles que é VOCÊ que paga o salário, a verdade precisa ser o oposto para ser um bom gestor. Eles precisam fazer o trabalho duro e você só precisa gerir, puxar e ter as boas ideias às vezes (afinal, quanto mais você tiver ocupado com picuinha, menor vai ser teu tempo para exercer sua criatividade e garantir que você tenha sucesso).

Mantenha a hierarquia na base da ilusão, mas nunca esqueça da verdade no fundo do seu coração. Não ache que você está lá para fazer o que não é para você fazer. Você é um gestor, um empreendedor e não um peão.

Lição XVI – Meu escritório é na praia, eu tô sempre fora de área

Um ponto interessante da minha trajetória é que eu resolvi, por indicação médica, me afastar seis meses do dia-a-dia da empresa. Isso aconteceu na segunda metade de 2018 e engoliu os dois primeiros meses de 2019. Eu estava muito de saco cheio de tudo que estava acontecendo por lá e precisava tomar um tempo para mim, mas que não resultasse em abandonar a empresa de vez.

Aluguei um AirBnB em Balneário Camboriú e resolvi que moraria por seis meses naquele paraíso – quem não gosta de uma praia, não é mesmo? Eu queria começar a aproveitar o meu dinheiro, depois de anos juntando um patrimônio fenomenal. Então mudei meu escritório para a praia, por seis meses. Isso foi uma experiência sensacional. "Trabalhar" da praia foi sensacional. Primeiro, eu acordava todos os dias olhando o mar, dava algumas ordens e ia direto para a praia.

Usei este período para descansar muito e exercitar minha criatividade. Nas reuniões de segunda-feira, sempre falava algumas coisas para o time que eu gostaria que eles testassem. Foi uma época de muito teste: todas as ideias "novas" que eu tinha eu acabava falando naquele momento.

Estar afastado é uma delícia, afinal, você vê tudo de camarote sem ter que se preocupar com a execução – nada é culpa sua, mas quando dá certo é tudo mérito seu. Aquela situação que eu já descrevi aqui e que é extremamente importante. Foi neste período que a XS Tech lançou sua primeira propaganda em TV aberta, um spot de 30 segundos na Globo. Foi sensacional, embora tenha trazido muito mais custo que resultado.

E foi nacional. Eu consegui ver o spot de Santa Catarina, embora toda a negociação tenha sido feita em São Paulo. Você não sabe o quanto isso me encheu de orgulho.

Só que deu completamente errado.

Os idiotas que ficaram lá no escritório não souberam aproveitar a exposição que a gente teve ao sair na Globo – deveriam ter feito um grande esforço, talvez um trabalho em grupo, uma espécie de força-tarefa, ligando para potenciais clientes e perguntando se as pessoas viram o comercial. Você sabe, eles deveriam ter trabalhado.

Eu não estava lá para pressionar e gerenciar, então foi esse momento que eu percebi que SEM MINHA GESTÃO A EMPRESA ESTAVA CONDENADA A SOFRER. E o que você faz quando percebe isso? Começa a se preparar para abandonar o barco, ganhando o máximo de dinheiro possível. Foi esse momento, depois de passar seis meses fora, que eu decidi que voltaria e pularia fora.

Eu confiei demais em um tipo de pessoa que você nunca deve confiar: o planilheiro idiota que acha que tudo pode ser explicado por uma linha no computador. Confiei, não. Os meus investidores fizeram com que eu tivesse que engolir este tipo de gente. E quando uma empresa começa a ver apenas "eficiência", "resultado" e "gestão", meu amigo, é hora de cair fora. Você não vai conseguir se beneficiar dela e os investidores que vão se beneficiar de você. LEI DE GERSON, SEMPRE.

Lição XVII.1 – Indicação é primordial para contratar

Mais uma frase importante para você lembrar. Essa lição aqui é fácil de lembrar e é curta, na verdade. As próximas lições eu quero que você compreenda como uma espécie de guia para contratar novos funcionários. Isso é MUITO IMPORTANTE. Nada tem mais relevância na sua empresa do que ter as pessoas certas do seu lado,

Tenha sempre em mente que uma indicação é primordial para que você contrate um novo funcionário. Mas essa indicação não é uma pessoa te falando que aquele sujeito é profissionalmente bom, mas sim uma indicação de que aquele novo funcionário pode ser uma pessoa correta dentro do seu sistema de gestão.

Nunca contrate uma pessoa idealista demais ou muito "estrelinha". Duas estrelas não habitam o mesmo sistema solar. Você precisa de garantir que aquela pessoa tem o perfil correto: leal, pouco mimimi e que aceita se anular em nome da empresa. Você precisa de peões, não revolucionários. Sabe essa história de diversidade? Tudo merda também. Como eu disse, uma empresa tem que ser feita de pessoas que compartilham do mesmo perfil, a homogeneidade é importante para manter a harmonia no ambiente de trabalho.

Então tenha sempre gente que você saiba como vai reagir a tudo. Tenha gente que você consiga entender a cabeça e que, principalmente, não vá fazer a cabeça das outras pessoas. Procure esses indicativos sempre que estiver fazendo uma contratação e garanta que eles estejam alinhados com o estilo "peão" – ou seja, NADA DE PENSAMENTO DE DONO E PRONTOS PARA SEREM OBEDIENTES EM TUDO.

Lição XVII.2 – Roube os sonhos do novo funcionário

Você lembra do discurso daquela menina sueca na ONU? "VOCÊS ROUBARAM O MEU SONHO!!!". Eu pensei muito sobre ele. Uma puta merda de discurso, mas é exatamente como um novo funcionário precisa se sentir em pouco tempo de empresa. É normal que uma pessoa entre na empresa com sentimentos que não são exatamente os mais úteis para a empresa – sonhos de mudar o mundo e expectativas que não condizem com o que você espera dessa pessoa.

Para isso, existe um processo chamado de "onboarding", que é quando você começa a introduzir a pessoa a cultura da empresa, ao jeito que as coisas funcionam, enfim, integra o funcionário ao dia a dia da empresa de maneira efetiva. Esse processo é super importante para que você altere todas as expectativas que um funcionário possa ter que não sejam condizentes com o que você precisa dele. É a história de roubar sonhos. Isso precisa ser feito rápido e de maneira eficiente.

Minha área de Recursos Humanos era altamente instruída para fazer exatamente isso – encontrar pessoas que poderiam ser enquadradas em uma filosofia pré-existente (sem novidades no sistema) e que pudessem ser alocadas para trabalhar sem grandes questionamentos. Quando esta pessoa era introduzida no sistema da empresa, dávamos pouco espaço para que ela exercesse a criatividade e mudasse as coisas – o que eu quero exatamente de um novo funcionário, que é trabalhar no que já foi pensado antes dele.

Um funcionário novo é, nada mais, que uma pessoa que você coloca para expandir a sua produção ou suas vendas. NADA de inovação. Isso só se justifica se você estiver realizando uma reestruturação dentro da empresa e contratando um novo gestor para alguma área (esses sim precisam poder mudar certas coisas). E mesmo assim, não se justifica ter uma política de transformação dentro da sua empresa que não derive das suas vontades pessoais: novos gestores precisam agir de acordo com MANDATOS bem estabelecidos para realizarem mudanças pré-acordadas.

Ter todo mundo na coleira! Esse é o lema que você deve adotar!

O controle é a coisa que você tem de mais importante na sua empresa, exerça-o constantemente do começo até o fim. O importante é SEMPRE manter a mão na alavanca e ser o grande maioral.

Lição XVII.3 – Um tapinha nas costas e deixe voar!

Pode até ser um pouco contraditório com a lição anterior, mas essa aqui é igualmente importante. Depois que você já integrou aquele funcionário ao dia a dia da empresa e ele já está conformado com as suas funções, você deve garantir que ele atue o máximo sem sua supervisão. Isso parece loucura perto de tudo que você leu até agora neste livro, mas não é. Na verdade, vai completamente em linha COM TUDO que eu falei até agora.

Mermão, você tem que ser o gestor – não babá, acho que até já falei isso aqui. Entenda essa diferença. Você precisa deixar o sujeito trabalhar por conta própria, não perder tempo ensinando isso e aquilo para ele, no máximo deixar alguém supervisando. Por isso é essencial que ele tenha alguma experiência prévia no que ele vai fazer.

Você precisa de gente que consiga ser encaixado em um sistema e começar a funcionar de imediato. Gente que você confie (desconfiando, obviamente) que vá fazer o que você quer sem requerer correções tanto no comportamental quanto no próprio trabalho. São funcionários que você pluga e despluga.

Essa é a melhor contratação.

Muitas vezes, principalmente no começo, contratava por ver vontade de aprender nas pessoas – acreditava que isso era uma boa característica para se ter. Eu errei feio. Esse tipo de gente ficava me perguntando coisas o dia todo.

Não preciso nem falar o quão chato é isso, né?

Você está lá, tentando relaxar no meio do dia e o moleque vem perguntar se deve fazer assim ou assado. Cara, se vira. Vai lá fazer as coisas e não me enche o saco.

Por isso, coloquei gente que pudesse gerir as pessoas mais fracas tecnicamente – e ensiná-las no que fosse necessário. É importante criar um sistema de hierarquia (mais sobre isso depois) que lhe permita não ter grandes estresses. Ninguém merece, não é mesmo?

Lição XVIII – Onboarding é tão útil quanto praticar para um incêndio

Voltemos a falar de um assunto interessante, que é o processo de "onboarding". Eu falei que ele era extremamente importante para que você pudesse roubar os sonhos de um novo funcionário e colocá-lo no esquema. Mantenho.

Mas entenda uma coisa: sua participação neste processo precisa ser muito, muito pequeno. No máximo dar um "oi", explicar uma ou outra coisa e falar um pouco da história e cultura da empresa (sempre bombando você mesmo nestes discursos). Limite-se nestas situações a poucas coisas, seja ausente propositalmente.

Para você, participar de um negócio desses é basicamente a morte. Primeiro, você demonstra estar presente se fizer isso. É um grande erro. Você precisa ser uma pessoa distante por definição e isso começa no primeiro dia. Nunca esteja lá para as pessoas no primeiro dia, ou elas vão achar que você é um líder muito participativo.

Não seja. A chance de um novo funcionário te encher o saco constantemente é muito maior caso você faça isso.

Além disso, participar deste processo pode deixar uma noção negativa de você para o novo funcionário, e isso não é bom. É melhor que as pessoas que estão entrando na empresa agora tenham uma espécie de compreensão de que você é o ser humano mais foda de todo o planeta, que sabe tudo e entende tudo – capaz de transformar a empresa por si só. E se ele tiver muito contato com você, ele pode ficar desapontado com algumas questões, principalmente se for você que o introduzir na burocracia da sua companhia.

Então não faça isso, deixe os outros fazerem por você. Tenha uma equipe de recursos humanos muito bem treinada para garantir que as coisas saiam do jeito que você quer que saiam. Faça com que eles saibam, exatamente, o que eles precisam fazer neste processo de onboarding para garantir o funcionamento perfeito dele. Uma boa equipe de recursos humanos é como uma extensão da sua filosofia, uma forma de fazer com que ela alcance mais pessoas dentro da empresa sem que você tenha que colocar a mão na massa. Pode se tornar muito, muito útil.

Neste processo de onboarding, por exemplo, é o RH que deverá assumir essa função – ou um gestor desse novo funcionário, caso você não tenha um departamento de RH (vamos falar dessa escolha logo mais).

Vou dar um exemplo de uma pessoa que colocamos na empresa chamado William. No processo de onboarding dele eu o recebi na empresa, apertei sua mão, falei três minutos sobre como tinha fundado a empresa e como estava eu estava liderando ela por um crescimento exponencial e afirmei que estava muito ocupado – deixei falando com a Patrícia, nossa diretora de RH.

Ela então fez o que precisava ser feito, explicando o funcionamento da empresa, colocando ele dentro da caixinha para a qual ele foi contratado. É óbvio que em dois meses ele estava insatisfeito (sempre há tristeza antes da conformação), mas ainda me admirava e isso era um dos fatores para que ele estivesse na empresa sem grandes reclamações.

Lição Filosófica I – Recursos Humanos: ter ou não ter? Eis a questão

Um ponto que eu gosto de ressaltar é sobre você ter ou não um departamento de recursos humanos e aqui não existe certo ou errado. Será que você precisa de um mesmo? Vale a pena no seu caso?

Primeiro, vamos estabelecer uma coisa importante: burocracia é bom. Se burocracia fosse ruim, nenhum sistema do mundo seria considerado burocrático. Contudo, todos são. É importante ter uma burocracia para homogeneizar e fazer com que as pessoas sejam enquadradas e cuidadas para fazerem o que devem fazer. Um bom RH avalia e guia as pessoas para os caminhos que você julga certo, sempre garantindo que o resultado delas esteja alinhado com o que você precisa que seja – incentivando a conformidade e minimizando a rebeldia.

Só que também é um gasto grande para empresas menores. Na minha empresa, quando estávamos em 60 pessoas, o setor de RH tinha três pessoas. Bom, elas tinham que fazer a função básica de todo o RH/Administrativo faz (isso quer dizer, realizar pagamentos, cuidar da folha e dos benefícios, a burocracia que envolve as pessoas). Uma pessoa apenas poderia cumprir isso numa boa...

A razão que eu tinha três funcionários nessa função era simples: enquanto uma fazia todas essas burocracias externas, duas cuidavam da burocracia interna. Análise de desempenho, relatório de conformidade e até mesmo diretrizes internas de trabalho. A função dessas pessoas era garantir que tudo estivesse alinhado conforme os desejos da direção da empresa. Isso significava muito para a gente, já que elas tinham desenvolvido um grande escopo de monitoramento, metas, planejamento e direcionamento. Era impossível que uma pessoa tivesse algum ato de rebeldia sem que ela fosse punida de alguma forma, principalmente no bônus e no PLR.

Isso era importante. Mas era caro. Cerca de 10% da minha folha salarial de 60 funcionários ia para as três pessoas do RH, que ganhavam mais que a média da empresa. E o que eles faziam podia ser facilmente executado por gestores médios, como gerentes. Só que tem uma pegadinha aí.

Você vai perder um pouco de produtividade dos gestores médios, mas isso é esperado. Esse povo gosta de ir para a produção, não curte ficar fazendo relatório e nem puxando orelha. Tem também menos cuidado com as coisas pequenas e possuem uma tendência a não seguir padrões – o que pode fazer a tua vida (e dos diretores) um pouco mais complicada, conforme você vai tentando entender certas diferenças no que cada gestor médio faz.

Tem uma outra diferença também, que para mim é a principal de todas. Profissionais de RH não sabem de porra nenhuma fora do mundo deles. Então eles são muito mais "dóceis" a respeito das suas ideias do que os gestores médios. Quando você quer colocar metas, no máximo os profissionais de RH vão questionar se ele é justa ou não – e aceitar sua palavra.

Gestores médios, por sua vez, vão querer colocar suas próprias opiniões do que deve ser meta ou não. Vão brigar, reclamar, falar seus pontos e criar todo um sentimento ruim. Eles podem até fazer isso com o RH, mas geralmente ter um grupo a mais de pessoas te evita esse tipo de stress e garante que você terá que fazer menos concessões (um grupo já faz concessão ao outro, então naturalmente a briga é muito menor) no que você quiser.

Em conclusão, ter um departamento de RH é útil, mas é caro. Então avalie bem se você pode gastar para aliviar sua cabeça no momento em que você está, ou se você prefere ter mais dinheiro com mais dor de cabeça. Eu mesmo só comecei o departamento de RH no segundo ano de empresa. Como eu disse no começo dessa lição: não existe nada que seja certo ou errado, apenas a tua decisão.

Lição XIX – Estagiário aprende por osmose...

Outro tipo de funcionário chato para caralho (lide com o palavrão) é o estagiário. Needless to say, ele é super barato, então eu teria milhares de estagiários se assim pudesse. Tem várias vantagens em se ter estagiários e elas compensam: é barato, é mais bobo, aceita qualquer coisa e é muito mais manipulável do que uma pessoa que já passou por outras empresas.

Só que a grande desvantagem é que você tem que ensiná-lo alguma coisa, ou vai ser tudo em vão? Acredite, você não quer ter um estagiário buzinando na sua orelha e fazendo coisas erradas que você tem que corrigir. Então não tenha um estagiário trabalhando diretamente com você – e sim com os outros gestores, que é problema deles não é seu. Como a gente vai mostrar adiante, do teu lado, APENAS gente que consiga se virar e puxa saco.

O grande lance é fazer o estagiário se virar. Ele tem que aprender é por osmose. Não dê muita atenção para ele e nem ensine muita coisa diretamente – você tem que entender que, para o desespero das faculdades, o estagiário está lá para ajudar a empresa, não a empresa está lá para ajudar o estagiário. Isso é uma verdade antiga que é esquecida por muita gente. Então trate-o como um funcionário comum que não tem muita experiência. Nada mais do que isso.

E quando eu digo funcionário comum, eu digo FUNCIONÁRIO COMUM. Vamos esquecer algumas das regalias que estagiários possuem.

Primeiro, você não pode simplesmente pedir para que ele faça *no mínimo* 8 horas de trabalho por dia. Então você tem que fazer com que ele SE SINTA MAL e resolva trabalhar mais do que as 6 horas por dia. Afinal, estar na sua empresa é uma oportunidade que ele não pode jogar fora – e não é simples ser efetivado no final do estágio, precisa demonstrar interesse e dedicação.

Segundo, um deputado (que deve ser petista, aliás) resolveu fazer uma lei bizarra falando que esses moleques tem direito a trabalhar meio-período em época de prova. Isso é ridículo. Você TEM QUE deixar, mas o que você pode fazer é fazer com que ele se sinta tão mal de pedir um absurdo desses que ele vai ou desistir dessa palhaçada ou nunca mais pedir. Uma vez, um dos nossos gerentes médios, o Tiago, apontou para TODOS OS ESTAGIÁRIOS e falou "olha, ele é estagiário. Nunca pediu isso", "ele também é estagiário, nunca pediu" e foi assim por todos. No final, o estagiário folgado ficou tão constrangido que desistiu da ideia de jerico de pedir para trabalhar apenas três horas.

O fato é que o estagiário é muito sensível a tudo que você falar. Ele é jovem, geralmente ambicioso. É muito suscetível ao "eu sou você amanhã". Então trate-o como uma joia do futuro ao ensinar-lhe nada, apenas a se virar – como você deve ter se virado na sua época. Acredite, eles vão te agradecer um dia.

Lição XX – PLR: as três letras para impor controle máximo

Chegamos em uma das lições mais importantes de todo o livro. Ela deveria estar em asterisco, inclusive, de tão importante que ela é para sua empresa. A primeira coisa que você deve fazer, sempre, é instituir um programa de bônus, o famoso PLR (Participação de Lucros e Resultados). Isso é a coisa mais importante que você pode ter em sua empresa, a mais relevante, a que te garante obediência, relevância e puxa-saquismos eternos. Tudo. Essa três letras são o anel do Senhor dos Anéis, ela estão aí para dominar tudo que existe.

E RAPAZ, ISSO É GENIAL. PÊ ELE ERRE. NUNCA ESQUEÇA.

É tão importante que você deveria tatuar no braço direito, em um lugar que todo mundo sempre veja (e você também). Existem três regras para um bom PLR: subjetivo ao mesmo tempo que objetivo, centralizado, relevante. Vamos falar das três logo mais para que você entenda tudo e consiga implantar um programa de bônus certeiro em sua empresa.

Acredite em mim, isso é completamente transformador.

Vamos primeiro entender qual é o modelo de bônus que você deve implementar: trimestral ou semestral (tanto faz, cada um tem suas vantagens e desvantagens), referente ao resultado da empresa (sugiro dividir 25% do lucro com os funcionários, 25% com os gerentes e diretores e 50% direto no seu bolso). Entregue esse PLR um mês depois do fim do período (ou seja, se ele termina em junho, entregue no final de julho) – e com pompa. Faça reuniões individualmente com cada pessoa (junto ao RH e os gestores) para justificar o resultado (principalmente se for ruim, se for bom é só falar a quantia).

Alguns funcionários vão ficar felizes, outros tristes. O importante é que todos recebam a mensagem: só vai ganhar dinheiro quem estiver dentro das regras. As suas regras.

RELEVANTE

O primeiro ponto que você tem que entender sobre o PLR é que ele precisa ser RELEVANTE. O que isso significa? Que ele tem que ser parte importante da remuneração de um funcionário. Não pode ser um "algo a mais". Precisa fazer TODA A DIFERENÇA para um funcionário.

Eu sempre enfatizei uma coisa para todo mundo que era contratado na minha empresa: eu não queria ter os melhores salários, eu queria ter os melhores bônus. Isso que devia ser importante para eles. Com os salários mais baixos que a média do mercado – mas a promessa de uma remuneração super agressiva mais para frente -, o funcionário precisava se matar para garantir o PLR.

Se não tivesse essa importância, você veria mais rebeldia entre as pessoas. Ser relevante para uma boa remuneração é ferramenta de controle, de conformidade.

Faça com que um bom PLR seja, no mínimo, equivalente ao salário das pessoas – ou seja, 50% de suas remunerações totais. Isso é interessante, pois o salário é baixo e no, final das contas, a remuneração se torna boa. Você vai ver todo mundo se matando, de todas as maneiras possíveis, para garantir esse bom dinheiro.

Um PLR ruim, por sua vez, tem que ser cerca de metade do salário das pessoas, transformando em 25% de suas remunerações totais, o suficiente para deixá-lo com remuneração em linha com o mercado. Contudo, um PLR ruim sempre vem com algumas advertências.

Ah, se a empresa não tiver lucro, o PLR de TODO MUNDO é zero, não importa se o sujeito fez um bom trabalho (o máximo que você pode fazer é reconhecer isso e prometer lembrar dele na próxima distribuição, quando a empresa tiver lucro). E mesmo assim deixe todos sabendo que deverão trabalhar AINDA mais nos próximos meses para garantir que o resultado da empresa seja bom.

Isso alinha as pessoas com você e com a empresa. Ninguém vai ousar falar um ai para você.

CENTRALIZADO

Outro ponto muito importante do PLR é que ele precisa ser centralizado em você, no máximo algumas pessoas do seu departamento de RH e o gestor da pessoa para a apresentação do PLR. Nada mais do que isso. O motivo é muito simples e eu posso explicar em uma única palavra: controle. Tudo que acontece relacionado a sua principal ferramenta de controle precisa ser ditado por você.

Isso quer dizer que a última palavra a respeito de valores e desempenho das pessoas precisa ser sempre a sua. Não importa se o gestor ou o pessoal do RH discordar da sua avaliação sobre uma pessoa, é você que conta – ou essas pessoas também sentirão tua fúria em algum momento. Ele é sua expressão máxima.

Você precisa ser visto, por todos, como a pessoa a ser agradada. O trabalho de um gestor é gerenciar as pessoas, então gerencie! Faça todos entenderem que a SUA VOZ é a única a ser ouvida. Trabalhe com isso.

SUBJETIVO AO MESMO TEMPO QUE OBJETIVO

O último ponto a respeito de uma boa política de PLR é que ela tem que ser subjetiva ao mesmo tempo que ela seja objetiva, ou seja, quem receber não pode entender nada do valor, ao mesmo tempo que ele vai entender o que o fez receber quanto recebeu. Parece simples, mas não é exatamente simples.

Vamos dizer que o PLR tenha dois pilares igualmente importantes: metas e objetivos como o primeiro (mais objetivo) e comportamental (mais subjetivo). A ideia é usar o pilar subjetivo como forma de fazer o que você quiser, justificando uma redução no valor do PLR mesmo que as metas e objetivos daquele funcionário tenham sido alcançados com objetivo.

No fundo, você está aplicando a teoria da conformidade de duas maneiras diferentes com esse tipo de atitude. Primeiro, você garante que aqueles funcionários vão se dedicar o máximo para atingir *APENAS* aquilo que foi previamente determinado no começo do semestre – quando você deixar bem claro aquilo que você quer que o funcionário faça pela empresa. Isso garante que ele vai passar mais tempo trabalhando e menos tempo gastando energia tentando ser criativo – que, lembre-se, é uma prerrogativa sua dentro da empresa. Esse é o valor das metas e objetivos que você deve determinar, as quais falaremos em breve, na próxima lição.

Já a parte subjetiva é um derivado da sua necessidade de avaliar comportamentos e recompensar apenas aquilo que está em linha com o que você considera ideal para o funcionamento da empresa. Como se o funcionário fosse um cachorro, ou um animalzinho meio carente que você dá um prêmio por bom comportamento. Muita gente fala de "cenoura lá na frente". A verdade é que você precisa adestrar funcionário, da mesma forma que adestraria um cachorro.

Se a pessoa tem comportamentos que lhe desagradam, já chegue na reunião com palavras que vão impactar e tocar naquela ferida imbecil que ele tem lá no fundo – e que vão deixá-lo com medo de tudo que pode acontecer dentro da empresa. "Você precisa aprender como é a vida, caralho!", era o meu meio favorito de introduzir esses assuntos espinhosos. Você já deixa o sujeito nocauteado, nas cordas, pronto para começar a aceitar todas as sugestões que você tiver.

Deixe muito claro que ele poderia ter recebido muito mais dinheiro, se não tivesse se comportado de uma maneira mais alinhada com a empresa – e você pode jogar tudo ali, tirar a concentração de outros funcionários, dress code, reclamar disso e daquilo (e contaminar o ambiente), mesmo se essa pessoa tiver estourado em termos de metas e objetivos. Afinal, o comportamental está ali para servir de contrapeso e garantir que você não pague mais para um funcionário do que deveria.

Lição Filosófica II – Metas ou Objetivos (ou tudo?)

Um ponto que eu gostaria de levantar depois de falar sobre aqui é a diferença entre METAS e OBJETIVOS - e como você pode se beneficiar de ambos. A verdade é que ambos existem para você exerça melhor ainda a arte suprema de endoidar seus funcionários e controlar tudo nos mínimos detalhes. São ambos um pouco diferentes, então vamos compreender as diferenças para que você consiga trabalhar os dois.

Metas são acompanhadas por uma coisa chamadas KPI, enquanto objetivos são OKRs. Uma é uma abordagem mais tradicional, e a outra mais aberta, mais moderna. Entendeu alguma coisa? Não. Então ESQUECE. Você não precisa entender. Na verdade, quanto menos as pessoas entenderem dentro da empresa, melhor. O grande lance é fazer com que eles saibam que existe alguma coisa – e quanto menos essa coisa for realmente objetiva, melhor. O legal de meta e objetivo é ser temido, não exatamente obedecido.

Temos duas abordagens possíveis aqui e não é meta e objetivo: ou você tem algo muito bem definido (a ponto de conseguir enquadrar os funcionários e impedir que eles mostrem qualquer sinal de individualidade) ou você tem uma bagunça completa, muda tudo de seis em seis meses (e garante que, nessa bagunça, sua opinião e suas vontades momentâneas sejam mais relevantes). Não tem certo ou errado e o importante é que você siga seu estilo próprio de gestão.

O grande lance é estabelecer, ou com um RH ativo ou com consultores, um sistema que tire o peso de você (você é maior gestor... você não tem metas ou objetivos, a única coisa que importa) e distribui por várias pessoas diferentes – então se a empresa estiver com algum problema, você pode saber exatamente quem é o cabeça de prego que está atrapalhando o funcionamento de tudo. Isso é gestão.

Uma boa meta também pode funcionar como uma espécie de biscoito Scooby para o seu funcionário. Ela serve para condicionar as pessoas a fazerem o que você quer que elas façam. É aquele negócio: você precisa tratar as pessoas como cachorros às vezes, com o intuito de adestrá-los efetivamente. Deixe algo que seja difícil de alcançar e determine que aquilo será um transformador para a vida do funcionário se ele alcançar! Vais ver as pessoas se matando por você, enquanto você senta e não faz nada.

Lição XXI – Grupo de WhatsApp é ferramenta de gestão

Ah, sabe qual o melhor canal para você falar com seus funcionários o tempo todo? Não é e-mail e nem Slack: é o WhatsApp. Ele é a melhor ferramenta de gestão que você vai encontrar – esqueça todas as outras.

Mas não tenha medo de incomodar. E-mail as pessoas só olham um pouco fora do horário de trabalho, enquanto WhatsApp é o tempo todo. Então quando os trouxas estão tentando falar com os seus crushs, é bom que você apareça no Whats – eles não tem muito como "fingir" que não viram, ou deixar de te responder, já que o aplicativo avisa quando as pessoas estão online, quando elas visualizaram por último e se elas viram a mensagem. Claro que dá para desativar isso, mas a maioria das pessoas não faz.

Então aproprie-se dessa ferramenta extremamente pessoal e faça a comunicação atingir novos níveis. Crie grupos diferentes com todas as áreas da empresa, de modo que as pessoas vão ficar igualmente encorajadas e constrangidas de falar em momentos atípicos – algumas pessoas vão começar a mandar mensagem no domingo, outros tarde da noite, criando um ambiente propício para o melhor tipo de funcionário otário que existe: aquele quer aparecer a qualquer custo e vai trabalhar no domingo para tal.

O importante é você silenciar os grupos e fazer algumas interações pontuais. Nunca responda ninguém diretamente – isso faz com que as pessoas acreditem que você é acessível -, mas acione as pessoas sempre que possível. Seja sempre a pessoa mais participava nos horários que ninguém está participando, de forma a trazer mais pessoas para a discussão e também para garantir que as pessoas acreditem que você trabalha tanto que o faz em momentos inoportunos (coisa que já discutimos na Lição XIV – Domingo é um excelente momento para "trabalhar").

Lição XXII – Se consultor soubesse alguma coisa, estaria rico e não fingindo que sabe as coisas

Vira e mexe, alguém vai te recomendar uma coisa simples: contrate um consultor para resolver um problema X ou Y dentro da sua empresa. Tudo errado. Primeiro, que consultor é um grande enganador, geralmente alguém bem fracassado. Consultores são aqueles caras que passaram anos e anos em um emprego (ou alguns) dentro de uma área específica e foram demitidos.

Muito velhos para voltar ao mercado, esses sujeitos compram um terno, aprendem a falar umas duas ou três frases de impacto e viram "consultores". Ah, alguns deles até arranjam uma amante da idade da filha ou sobrinha deles para curar o ego ferido do momento em que eles foram demitidos – e aproveitar a liberdade imensa que se tornar um "autônomo" depois de vários anos de emprego chato lhes traz. É sempre assim. Chega a ser entediante ver que todos eles são iguais.

E são também quando começam a falar de trabalho. Primeiro, sempre com um ar professoral como se eles soubessem alguma coisa. "Ah, mas na Ambev nós fazíamos assim, assim, assado", "Nossa prioridade no Banco Safra era avaliar a nossa segurança financeira", "No Itaú cada empregado é estimulado a ter cabeça de dono", "Na Gerdau, nossos contratos com fornecedores eram feitos dessa e daquela forma". TUDO ENGANAÇÃO DE QUINTA CATEGORIA. Dá vontade de xingar.

Primeiro, gestão não se ensina – se aprende na marra, na coragem, na pele. É errando, não contratando um idiota de gravata. O que ele falar vai ser facilmente ignorado por todos, nunca aprendido. Vai ser uma grande fonte de perder dinheiro, principalmente pois você vai ter que contratar outro consultor para falar as mesmas porcarias no futuro.

Segundo, o que esses canalhas querem é seu dinheiro, não resolver teu problema. Então eles vão fazer de uma forma bem peculiar para garantir que a solução demore o máximo de tempo possível. Preferencialmente que seja uma espécie de assinatura para você – ou seja, que esse consultor precise te visitar para toda

Tudo merda.

Cara, te juro. Se algum imbecil vier com papinho de consultoria para o meu lado, eu ignoro. Investidor adora sugerir essas merdas para melhorar a empresa – e aí você tem que aceitar, fazer o quê, é sempre melhor do que comprar a briga com a pessoa que te ajuda a pagar as contas.

Só que nesse caso, você precisa dar uma boicotada, uma conduzida para que este engravatado chato não saia de seu controle. Vamos falar disso

Lição XXIII – Quando CEO boicota, todos boicotam

Um grande fato sobre a sua empresa, que talvez você não tenha percebido ainda: você, de alguma forma, controla o humor das pessoas frente ao que vem de fora. Se o boicote parte de você, então TODOS vão boicotar. Então se tem um investidor te enchendo o saco e querendo instalar um consultor chato, fique tranquilo – é só mostrar má vontade e pronto, o problema vai se resolver sozinho.

Vamos estabelecer que, se você fez certo, as pessoas ao seu redor estão focadas em te puxar o saco (e não dos investidores). Quando você se torna o líder geral, isso é um boost para este tipo de atitude que você precisa tomar.

E isso não é válido apenas para consultores, mas para qualquer palhaçada que uma terceira pessoa queira instituir dentro da **SUA empresa**. Você precisa mostrar para todos quem é que manda.

Um exemplo que aconteceu comigo foi quando trouxemos uma consultoria de METAS e RESULTADOS para nossa companhia. Era um rapaz bacana, limpinho, do interior do Rio Grande do Sul. Tinha trabalhado na Gerdau, algo assim. Baixinho, cabelo escuros, torcedor do Internacional. Um cara bacana, no fundo.

Só que conforme ele foi implementando as metas e resultados desejados, eu precisava encontrar sempre um pelo em casca de ovo, atrasar uma entrega aqui e ali – e fazia isso de maneira bem publicamente. Uma coisa que eu adorava fazer era reclamar da atuação desse consultor para o pessoal mais fofoqueiro da empresa, para que eles pudessem espalhar para todo mundo.

Conforme as pessoas percebiam que aquilo não partia de mim e que eu não estava interessado, também encontravam pelo em casca de ovo e atrasavam suas entregas, muitas vezes de maneira menos pública que eu. Era uma maneira de fazer com que as coisas se espalhassem rápido. Como você pode ver, ***isso é liderar por exemplo***.

Em pouquíssimo tempo, o consultor estava completamente frustrado e quis cancelar seu contrato conosco – afinal, trabalhar naquelas condições era completamente terrível para ele, que precisava dedicar muito mais à minha empresa que o normal. O investidor aceitou isso e bola para frente.

Lição XXIV –É sempre bom prestar consultoria, eim

Eu disse que consultores ganham dinheiro sem fazer nada, certo? Sabe quem mais tem que ganhar dinheiro sem fazer nada? Você. Junte 1 mais 1 e BINGO. Tu vai prestar consultoria, campeão. É uma excelente forma de ganhar dinheiro, fazer teu nome e ainda por cima terceirizar as coisas dentro da sua empresa – pois é obvio que você não precisa sair dela, pode continuar comandando e fazendo isso.

É uma maravilha poder sair da sua empresa, se dirigir até uma outra e começar a falar o que você acha sobre eles. Não importa sua área de expertise, tenho certeza que alguma coisa você vai conseguir criar para enganar o pessoal de outras empresas – capriche na sua capacidade de se vender, aumente seus feitos e faça apresentações de power point bonitas. Bingo.

Chegue na empresa a qual você está prestando consultoria e já de cara fale que eles estão fazendo tudo errado (mesmo se estiverem fazendo tudo certo, claro). Seja arrogante, deixe claro que o que você vai fazer por eles, eles não fariam sozinhos de maneira alguma.

Adapte-se, faça exatamente o que seria mais difícil para aquela empresa – não necessariamente o melhor -, mais custoso e mais demorado. Dessa forma, você vai prolongar o período de atuação dentro dessa empresa. Tudo que você puder fazer para atrasar os seus próprios trabalhos, melhor.

Tenha uma pessoa mais próxima dentro da empresa, que supostamente será seu ponto de apoio ali. Escolha uma pessoa insignificante, sem poderes, de escalão baixo – isso será ótimo, já que ela não terá poder e autonomia para fazer o que é necessário, o que resultará em muita energia perdida e tempo sendo gasto. Se as pessoas com poder na empresa atrapalharem, melhor ainda – você pode ser obrigado as ter que refazer tudo!

Esses caminhos vão lhe permitir ter uma experiência de consultoria muito melhor e mais sólida dentro de empresas – o que é dinheiro fácil. Faça sessões de mentoria com as pessoas individualmente e espalhe sua mentalidade pelas empresas, faças as pessoas gostarem de você em nível pessoal, entenderem você como parte do time delas. Isso tudo fará com que você fique por mais tempo lá do que o necessário, ganhando um dinheiro fácil e constante.

Isso porque você não vai cobrar barato em uma consultoria, né? Mermão, como você vai se vender como o Pica das Galáxias e cobrar R$ 3 mil ou R$ 4 mil por mês, visitando a empresa duas vezes por semana. Ridículo. Cobre isso por visita, totalizando uns R$ 24 ou R$ 32 mil. Isso sim é um valor respeitável para alguém como você.

Deixe muito claro que você sempre ESCOLHE os seus clientes (mesmo que, obviamente, isso não seja verdade), dando um ar de escassez e qualidade inerente. Faça a empresa "escolhida" se sentir especial, mostre que você acredita no negócio deles, que embora toda a área referente a sua consultoria esteja errada, existe solução e você vai ser uma figura principal nesse caso. Ah, e não esqueça de sair de lá conseguindo contatos e novas consultorias.

Lição XXV – Corrupção é só quando é com político, relaxa e compre as pessoas

Ligue a TV em qualquer canal de notícias e o que você vai ver é jornalista reclamando de corrupção no governo aqui e ali. É tudo corrupto, esquerda, direita, centro, novo, velho, sul, norte, sudeste, nordeste, centro-oeste, civil, militar, juiz... é tudo corrupto. Tem umas pessoas menos espertas que acham que a solução para isso é "votar direito", "votar em gente honesta". O escambau! Vou te contar uma coisa que você não tenha percebido:

O BRASILEIRO É CORRUPTO POR NATUREZA, IRMÃO.

Sabe o que isso significa? Senta no banco da frente e comanda o destino. Aproveite-se disso, use a seu favor, saiba fazer isso em um nível de excelência. Afinal, o dinheiro da empresa, que você está usando, é privado. É seu já. Corrupção só é corrupção quando é com político. Com você, podemos chamar de práticas de gestão carismáticas.

Tem duas "gestões carismáticas" que você pode praticar: interna e externa. Vamos falar um pouco sobre os dois, mas saiba a noção de ambos é radicalmente diferente em alguns aspectos. Um é "defensivo", o outro é "ofensivo". Um pode ser feito às claras, enquanto o outro é, necessariamente, às escuras. O importante é não deixar rastro nenhum em nenhum dos dois casos – é um combinado entre você e a pessoa, e quanto menos pessoas puderem ser envolvidas, melhor.

COMPRANDO SEUS FUNCIONÁRIOS

A primeira parte disso aqui é saber que você precisa comprar, com favores e até mesmo dinheiro, alguns funcionários seletos. Eles serão responsáveis por garantir que sua vida seja cada vez mais fácil, além de poder te ajudar a manter certas mordomias.

Isso é um pouco mais que controlar eles com PLR. É garantir o apoio e suas lealdades, para qualquer tipo de problema que você pode ter. Comprar um funcionário é defensivo: se você tem uma avaliação de chefes – por parte do RH -, por exemplo, tenha sempre algumas pessoas na manga para fazer sua média subir. Garanta que essas pessoas estejam agindo.

Tenha também alguém leal a você em todos os departamentos, para que possas acelerar tudo que você precisa fazer – se há um processo, você pode simplesmente passar por cima disso numa boa. Além disso, elas passarão a te contar tudo que for do teu interesse, que você precisa saber sem necessariamente pelas vias "honestas". Espionagem, tenha sua própria KGB!

COMPRANDO PESSOAS DE FORA

Se você vai comprar gente de fora, a história é um pouco diferente. Antes de tudo: saiba qual seu objetivo com isso de antemão, escolha a pessoa correta para você fazer este tipo de coisa e vá. Geralmente vale muito a pena quando você quer, por exemplo, atingir um objetivo isolado: você quer vender para uma empresa que concentra vendas em uma pessoa? Descubra se essa pessoa é corrompível e compre-a.

Faça isso aos poucos. Primeiro, desenvolva uma amizade com essa pessoa, uma proximidade e vá descobrindo cada vez mais informações sobre ela: o que ela gosta, o que ela gostaria de ter, que tipo de pequeno mimo ela curte. Enfim, vá desenvolvendo esse relacionamento, determinando qual a melhor forma de abordar essa pessoa de maneira efetiva. E aí, quando o momento for certo, dê o bote, ofereça.

Eu gostava muito de começar a falar de putaria com homens, leva-los para puteiros e pagar a "consumação" deles nestes lugares. Era a corrupção perfeita! Se o sujeito não fizesse o que eu queria, eu ainda tinha um grande segredo que ele não gostaria que eu contasse para ninguém! Totalmente na minha mão.

Lição XXVI – Use a imprensa para promover sua empresa (mas mais você)

Outro ponto interessante que você pode falar nesta questão de "corrupção" é que muitas vezes você deve usar os recursos da empresa para o seu próprio benefício. E um dos pontos mais importantes nesta questão é você poder usar a imprensa para se beneficiar. É a hora de você ser a estrela da empresa! É hora de você aparecer do mundo! E o importante é VOCÊ aparecer.

Acho que a maioria dos empreendedores sonha em aparecer na capa da Exame. Ao menos, eu sempre quis e sei que muitos. E consegui. Me colocando em primeiro lugar, obviamente, e a empresa em segundo lugar (o que é seu objetivo). Instrua sua equipe de mídia para vender uma pauta que o coloque como um homem inovador, claro, ou como um líder ousado, algo assim.

Fato é: use a empresa para contar uma história de sucesso da sua pessoa. O importante é se vender como alguém responsável por isso – inovador, grande líder, "nova face do capitalismo brasileiro". Tenha certeza que é a sua cara a estampar as capas, entenda que é a sua chance de brilhar, o seu momento de ser a pessoa mais foda do planeta. E tudo isso por conta da empresa. Isso é a cabeça de dono que eu tanto falei antes.

Você tem que entender que a empresa está lá para servir você, não o contrário. Então também é natural que ela esteja lá para dar um up na sua imagem – e não a sua imagem dar um up na sua empresa (o que só funciona se você for previamente famoso, como um Luciano Huck ou um Bruno Gagliasso, que sabem muito bem fazer esse joguinho). A empresa um dia pode ficar para trás, você nunca.

Se você tiver que recomeçar, é importante que você tenha uma imagem estabelecida, que seja visto pelas pessoas como um empreendedor de sucesso. Isso lhe ajudará muito a chegar onde você quiser chegar. Depois que você construir uma imagem para si mesmo de sucesso, tudo fica absurdamente mais fácil: a imprensa vai querer falar com você com mais frequência sobre você mesmo, ao invés de falar da companhia.

Então use bem este trabalho. Seja a cara da sua empresa, mas permita que ela lhe infle naturalmente, e goste disso – quanto mais aparecido você for, melhor. Com o tempo você entenderá que a imprensa é a (segunda) melhor maneira de você alcançar as pessoas com autoridade. Vamos falar da primeira logo em breve, mas já vá se acostumando.

Lição XXVII – Mais vale uma hora no LinkedIn que uma hora trabalhando

Mais um ponto importante de se ressaltar sobre a sua imagem é que você deve mantê-la bem afiada também nas redes sociais, em especial o LinkedIn. É uma coisa que você precisa cuidar bem, todos os dias. É sua imagem e ela é a coisa mais importante que você: ela te ajuda a ganhar dinheiro, a cumprir todos os seus objetivos.

Então faça isso em horário de trabalho mesmo. Inclusive, vai te possibilitar coisas bacanas, como novos contatos que você pode passar para a equipe de vendas e puxa-sacos que você pode colocar dentro da empresa para serem funcionários leais. Esse perfil tem que ser uma extensão de você mesmo.

Lá dentro, você conhece o que fazer: demonstre que você tem a vida mais interessante do planeta terra, que você trabalhou e se esforçou para chegar onde chegou e todos os grandes feitos da sua liderança dentro da sua empresa. Mostre, fale, engaje as pessoas o tempo todo. Mostre (falsa) humildade, reconheça o trabalho de outras pessoas (de fora da sua empresa) para que elas também reconheçam o seu.

É como se você estivesse em um seleto grupo: você é o grande empreendedor, precisa se cercar de outros grandes empreendedores também. Quanto mais gente importante validar seu trabalho no LinkedIn o tempo todo, melhor. Seja visto como parte deste seleto grupo, ande com eles, seja visto nas redes sociais deles, seja elogiado... tudo isso se alimenta no longo prazo.

Meu LinkedIn é um dos top voices do Brasil por conta disso. Eu influencio tanta gente hoje em dia quanto o Ricardo Amorim. E eu só consegui isso trabalhando constantemente nele, dentro da minha empresa, me esforçando para levar a imagem adiante. Se tudo der errado, posso viver de influência (e é muito capaz que você tenha comprado meu livro por conta deste meu canal) e prestar consultoria e mentoring. Esse é o valor de uma boa rede social individual.

Vamos falar de um ponto crucial aqui agora: promoções. É natural que as pessoas cresçam na sua empresa, mas o que você deve levar em conta para promover as pessoas? Competência? Habilidade? Liderança? Não. Tudo isso é secundário. O importante mesmo é que a pessoa seja leal e puxe o seu saco.

Neste aspecto, possivelmente o maior líder da história é o ditador soviético Joseph Stalin. Ele soube que sua liderança dependia da criação de um culto à personalidade, em que sua imagem era a principal coisa a ser venerada. Ele lidou corretamente com a sua oposição (embora você não precise ser tão radical, mandar embora está bom, não precisa matar) e garantiu que as pessoas ao seu lado fossem eternamente gratas ao que ele proporcionou. Era amado, sua imagem era vista em todos os lados.

É a mesma coisa que você precisa fazer dentro da sua empresa. Um culto à personalidade. Mantenha apenas as pessoas que lhe são mais leais, que puxam mais o seu saco (elogios, quem não gosta de receber elogios?), que possuem maior gratidão entre todas. Espalhe figuras suas (principalmente comemorando vitórias) pelo escritório, para que as pessoas lhe admirem o tempo todo.

Da sua parte, você precisa mostrar lealdade às pessoas que lhe puxam o saco. Isso significa que você precisa promovê-las, apenas essas pessoas – e deixar bem claro para todos que essa é a razão pela qual eles foram promovidos, de maneira implícita, é claro. Ou seja, você não pode falar abertamente, mas você precisa dar algumas dicas que aquelas pessoas foram promovidas por conta da lealdade, da entrega... isso funciona.

Siga isso e garanto que em pouquíssimo tempo toda a gerência está se matando para te agradar, para garantir que sua vida seja a mais tranquila possível e que você receba todos os ganhos que você merece. É assim que se constrói um time campeão e mantém a roda funcionando perfeitamente. Ao sucesso!

Lição XXVIII – Roube as ideias de quem as tem

Outro ponto importante sobre a gestão moderna, é muita gente acredita que as ideias não possuem donos. Na verdade, possuem sim: você. É importantíssimo que você consiga capitalizar sobre todas as boas ideias que existem dentro da sua empresa – elas são todas derivadas da sua genialidade, da sua experiência, da sua habilidade de inovar. Mesmo que venham de outras pessoas.

Você primeiro precisa mapear as pessoas: descubra quem são aquelas que são mais criativas, que tem maior habilidade para criar. Mantenha um diálogo constante com essas pessoas sobre o futuro da empresa (se elas forem puxa-sacos, promova-os). Use essas conversas para ir puxando certas ideias, desenvolvê-las. E, eventualmente, apoderar-se delas.

Em um primeiro momento, seja extremamente crítico as ideias, como se elas fossem ruins e não tivesse nenhuma chance de você executá-las em sua empresa. Depois, vá suavizando com uma coisa ou outra, o que não precisa ser exatamente importante, precisa apenas parecer importante para quem está ouvindo. Depois, com apenas essas alterações, apodere-se da ideia.

Espere um tempo (uns 2 ou 3 meses está bom) e mostre para todo mundo como se fosse uma ideia sua e, no máximo, aceite que ela é derivada da conversa que você teve com outra pessoa. No máximo isso. De resto, a ideia é sua, bata no peito para dizer isso e mostrar para todo mundo.

Isso tudo vai fortalecendo sua imagem como o grande criativo, a grande mente da sua empresa. Vai deixando as pessoas pensando que você é insubstituível dentro da empresa, o único a entender o seu mercado e conseguir canalizar isso em ideias prontas para serem executadas. A admiração delas vai crescendo, vai se tornando mais palpável, e os olhares para que você resolva os problemas também.

Saber "minerar" as ideias de dentro da sua empresa é essencial para que você tenha sucesso no longo prazo, para que você consiga se tornar o "Stalin" da sua empresa – com um belíssimo culto a sua personalidade e nenhuma oposição. Isso é muito importante para ter uma vida tranquila.

Lição XXIX – Planilheiro é chato e atrapalha, mantenha-os em aquários

Já que estamos falando de criatividade aqui, vamos falar do pior tipo de ser humano que existe dentro de qualquer organização: o planilheiro. Eu não tenho palavras para descrever o quanto eu detesto uma pessoa que teima em colocar tudo dentro de planilhas.

Esses chatos te incomodam o tempo todo e geralmente te propõem algumas das piores ideias que existem.

Primeiro, esses caras só pensam em números, só sabem discutir isso. Isso faz com que eles sejam imunes ao que realmente importa dentro de uma empresa: emoções. Se os números deles apontarem contra você, eles serão contra você imediatamente, mesmo que sejam seus amigos. Raramente um planilheiro vai ter a mesma relação de puxa-saquismo e admiração que você precisa ter dos outros. Então o ideal é: a) só ter planilheiros extremamente necessários e b) isolar eles da vida geral da empresa.

O que eu quero dizer com "planilheiros extremamente necessários"? Ora, o pessoal do financeiro. Esses são essenciais para sua empresa e não são de fácil reposição. É muito melhor ter pessoas organizadas para realizar esse tipo de trabalho do que gente normal, com sentimentos – acredite em mim, eu nunca teria um planilheiro na empresa se não tivesse necessidade disso.

Você pode fazer uma coisa muito importante com eles: colocá-los dentro de um aquário, longe de todo mundo. Assim o realismo terrível deles não contamina ninguém e eles acabam só fazendo o trabalho deles, sem incomodar ninguém. Ah, proíba-os de vir falar de custos e despesas com as outras pessoas – somente com você. Dessa forma, eles não vão dar a língua nos dentes sobre os seus custos e nem autorizar custos idiotas dos outros.

Se você colocar 3 ou 4 planilheiros dentro do aquário, eles deverão ser autossuficientes e dificilmente precisarão conversar com as outras pessoas da empresa. Isso significa que eles não vão chamar ninguém para almoçar, o que seria um problema (já que neste momento eles poderiam espalhar suas percepções para o resto da empresa), e vão conversar apenas entre si. Em algumas empresas, os funcionários normais nem sabem o nome dos planilheiros.

Aliás, é importante que você garanta que eles sejam "leais" a você. Esse tipo de gente não tem muita lealdade, mas o importante é que eles respondam a você – em outras palavras, não pode ter um intermediário entre você e eles. Dessa forma, eles vão te falar tudo que eles acham errado, todas as inconsistências e você vai conhecer tudo isso em primeira mão, tomando as decisões sozinho, ao invés de envolver dezenas de pessoas.

Se você já leu Harry Potter, sabe muito bem o que eu sinto a respeito dos planilheiros: eles são iguais os dementadores. Planilheiro suga a vontade das outras pessoas de trabalhar. São chatos, diretos, irritantes. Na minha empresa, ficavam em um canto, sentados todos do lado um do outro, fechados. Eu até coloquei um banheiro particular para eles, de forma a minimizar alguns contatos desnecessários. Valeu muito a pena!

Lição XXX – Nada conta melhor a história da sua empresa que o DEMONSTRATIVO DE RESULTADOS

Ao mesmo tempo que os planilheiros são um pé no saco, eles fazem um trabalho muito importante para sua empresa: eles criam a melhor maneira de descobrir o que está acontecendo com seu negócio. É o demonstrativo de resultados, onde você vai poder ver exatamente o que está fazendo dinheiro entrar e sair da sua empresa, as áreas que são mais rentáveis, menos rentáveis e vai te ajudar a torturar as pessoas certas.

Ou seja, você precisa pensar um pouco como um planilheiro para determinar quem vai rodar ou não. Olha os números, chama as pessoas para uma conversa e pronto. Simples, rápido e indolor.

Um bom demonstrativo de resultados, organizadinho, também é uma excelente forma de conseguir investidores para o seu negócio. Nada é mais sexy para um investidor que uma empresa que vem com um papelzinho que mostra: LUCRO ALTO, DESPESAS BAIXAS. Isso aí é garantia de que eles vão colocar um caminhão de dinheiro na tua mão para você fazer o que você quiser.

Aliás, se você está procurando por investidores, é interessante você encontrar gente que consiga... fazer uma contabilidade criativa, embelezar o seu demonstrativo de resultados. Isso não é pecado. Dilma Rousseff não caiu pelas pedaladas fiscais, caiu por deixar o Michel Temer como vice decorativo, sem exigir que ele fosse um puxa saco. Se ela tivesse lido as lições deste livro, seria presidente até o fim do mandato.

Um bom profissional que seja habilidoso na arte de embelezar demonstrativos de resultados é algo raro. Saber jogar uma coisa ali, outra ali, provisionar aquilo, ajustar uma linha ou outra... isso vale ouro. Algumas das maiores empresas do mundo cresceram e fizeram sucesso por conta desse tipo de habilidade. Você consegue enganar um investidor e deixá-los mais felizes com um balanço bem feito assim. Tudo que você precisa é de um planilheiro criativo.

Isso é muito raro.

A maioria dos planilheiros é feita de gente que não consegue entender que, algumas vezes, 2 + 2 não é 4. Às vezes, 2 + 2 é sucesso. Ou peixe. Ou dinheiro. Enfim, 2 + 2 não é nada objetivo muitas vezes. É extremamente subjetivo. Mas se nem a maioria das pessoas consegue entender isso direito, imagina os planilheiros.

Ele precisa de outras qualidades também: ser discreto, confiável e não ter na cabeça nenhum tipo de idealismo. Precisa amar dinheiro e entender que, muitas das vezes, temos que ser pragmáticos para consegui-lo, mesmo que outras pessoas chamassem isso de "antiético". Uma tremenda bobagem.

Sabe como encontrar um bom planilheiro desses? Procure alguém de mais ou menos 40 anos, que goste de vinho, tenha um estilo de vira caro e, principalmente, seja casado. De preferência, que tenha filhos, uma vida muito estabelecida, um carro bom e que goste de viajar o mundo com frequência. Esse é o sujeito ideal, com gostos caros e comprometido a manter o padrão de vida.

Mas não basta ser casado, precisa trair a esposa. De preferência, vivendo uma vida dupla. Isso significa que esse planilheiro tem jogo de cintura – constrói cenários complexos -, capaz de enganar a pessoa que ele mais ama. Significa também que você deve ficar de olho nele, para garantir que ele não faça nada que possa ser considerado traição a você.

Esse cara é quase gente.

Lição XXXI – Faça o bem de uma só vez e o mal o tempo todo

Mais um ponto bom de interesse, é que eu preciso discordar de um dos grandes mestres da gestão, que é Maquiavel. Ele disse para você fazer o mal de uma vez só e o bem constantemente. Eu acredito que o correto para uma empresa é o contrário. Você precisa fazer o bem de uma só vez e praticar o mal com constância.

Eu explico: grandes eventos geralmente são lembrados pelas pessoas, ao passo que pequenas coisas são deixadas de lado com frequência. Então você não pode se arriscar a deixar alguém "traumatizado" e sim ansioso pelo próximo grande evento da empresa. Esse tem que ser seu objetivo: deixar as pessoas felizes por causa de um.

Então, evite dias de mudanças muito drásticas: datas em que as pessoas podem lembrar, como demissões em massa. É melhor você ir fazendo aos poucos e sempre assoprando depois de fazer uma maldade. Se por acaso você precisa falar que não haverá bônus, por exemplo, faça-o depois de uma palestra em um lugar bacana, onde você possa explicar tin-tin por tin-tin tudo que existe de promissor na sua empresa.

Isso aconteceu uma vez da XS Tech. Para contar que não teria bônus, contratamos uma pessoa para se vestir de Indiana Jones em um evento da empresa – completo, com picareta e corda. Essa pessoa ficou lá, cumprimentando todo mundo que chegasse, mostrando nosso lado aventureiro! Horas e horas de evento lúdico, fazendo as pessoas se divertirem, animadas.

Esse foi um bom prenúncio para nosso evento. Logo depois eu chamei todo mundo para uma palestra e já puxei todas as semelhanças com aquele Indiana Jones que lá estava. Falei da aventura que havia sido aquele semestre, de que éramos uma empresa de coragem, buscando lugar ao sol, que estávamos arriscando o que podíamos. Que a gente nunca podia deixar aquele espírito nos abandonar. Que ele era central para o nosso desenvolvimento, para o nosso crescimento, para o nosso sucesso! O Indiana Jones era nosso exemplo! Nosso objetivo era ser como ele.

Contudo, toda aventura tinhas seus percalços. Então rapidamente deixei claro que tínhamos passado por um momento complicado, contei um pouco dos filmes do Indiana Jones e deixei claro que aquilo tudo era extremamente temporário. Obviamente, a sala inteira fez um grande "ahhh" e o clima, que estava ótimo, acabou pesando. Mas foi muito mais leve se não tivesse feito esse teatro todo – garantido a festa. Os momentos bons é que acabam ficando na mente das pessoas.

Portanto, o que você deve fazer é garantir que as festas e momentos de confraternização sejam extremamente dignos de lembrança – o tempo todo. Faça-os uma vez por trimestre ou semestre, mas faça eles de uma maneira gigantesca: a ponto de todo mundo lembrar e mencionar isso como uma das grandes qualidades de trabalhar na sua empresa. Confraternizações sensacionais, que ficam na cabeça e "apagam" as coisas ruins.

Claro, faça com que você seja figura central desta cultura de confraternização: se envolva com todos os detalhes bacanas e deixe claro que isso é uma vontade sua. Muitos otários acham lindo ter um chefe que se importa com a diversão deles. Se eles soubessem a verdade, ficariam enojados.

Lição XXXII – Compre algo e venda diretamente para sua empresa

Essa aqui eu aprendi diretamente com a WeWork, aquela empresa de coworkings que foi de uma das mais valiosas startups do mundo para uma completa falha em pouquíssimo tempo. O CEO e fundador teve uma ideia sensacional: comprar algo e vender para a própria empresa, ganhando dinheiro nisso, limpinho e limpinho. É MUITO INTELIGENTE!

Eu, no caso, fiz muito isso antes de sair da XS Tech. Comprava alguns equipamentos na pessoa física no exterior (mandava vir da China ou dos Estados Unidos e depois vendia diretamente para a empresa, superfaturado (um pouco abaixo do preço que se pagaria se comprasse a mesma coisa aqui no Brasil). Era eu mesmo que aprovava as compras e as vendas, ou seja, não tinha nenhuma chance de ninguém encrespar com isso. Sabe qual a minha melhor desculpa?

Que eu estava assumindo o risco, na pessoa física, de pagar e não ter o equipamento disponível, caso ele ficasse preso no Porto por conta da Receita Federal.

Isso era uma grande mentira. Se isso acontecia, eu transferia compra para a empresa sem nenhum "superfaturamento", apenas falando que não fazia sentido comprar o mesmo item duas vezes. E a empresa que pagava o imposto. Ou seja, era uma operação sem risco nenhum e com uma margem de lucro bastante interessante para mim.

E como eu já disse anteriormente neste livro. Só é corrupção quando é com político. Várias vezes eu tive que responder que não fazia sentido prejudicar a empresa, já que eu estava prejudicando a mim mesmo e que isso seria o equivalente a transferir dinheiro do bolso esquerdo para o direito. Isso é uma grande mentira: primeiro, na empresa eu tinha sócios (então tecnicamente há uma transferência de patrimônio deles para mim). Segundo, nem todo o dinheiro da empresa ia para o meu bolso através de dividendos. Nós tínhamos uma política de dividendos estabelecida com os investidores, isso era uma forma de passar por cima disso e aumentar meus ganhos.

Você precisa ser esperto na sua empresa para garantir a otimização do que sai dela e vai para seu patrimônio pessoal. Como eu já disse anteriormente neste livro, empresas vão o tempo todo, mas você, o seu patrimônio e a sua imagem ficam para sempre com você. Seja criativo e ganhe dinheiro.

Capítulo XXXIII – Reestruture sempre que puder (não deixe as pessoas cômodas)

Já pensou que tédio é ficar em uma empresa que não muda nunca? Por conta disso, eu promovia reestruturações constantes na minha empresa. De três em três meses eu mudava pelo menos uma área da empresa, mexendo as pessoas de lugar e criando dinâmicas novas entre elas. Isso era uma das coisas mais importantes que eu fazia para garantir o funcionamento das coisas como eu queria. Eu explico.

Deixar as pessoas na mesma situação por muito tempo tem efeitos muito negativos: amizade entre as pessoas, acomodação e até mesmo a criação de um ambiente em que as pessoas têm tempo para demonstrar insatisfação uma com as outras. Também cria a sensação de estagnação nas pessoas, que é nocivo. Ao reestruturar, você pelo menos dá as pessoas insatisfeitas a sensação de que existem mudanças e que eles precisam esperar antes de se declarar infelizes novamente.

Além disso, reestruturação também tem a vantagem de fazer com que as pessoas dependam de você cada vez, impedindo que as coisas funcionem perfeitamente sem sua supervisão – aumentando a sensação de que você é insubstituível. Aumenta também seu controle das pessoas e o quanto elas precisam ser leais a você. Impede que nasçam equipes que façam trabalhos melhores do que se você não estivesse envolvido diretamente.

Ponto importante é que você não pode tirar as pessoas de suas profissões – não coloque o advogado da sua empresa para cuidar do RH, mas garanta que ele não passe o tempo todo fazendo a mesma coisa. Isso seria contraprodutivo e só iria fazer com que a empresa se desse mal, tivesse prejuízos e não funcionasse direito. Seja esperto e não dê esse vacilo monstruoso.

Uma reestruturação parece uma mudança, mas na verdade ela é a manutenção do status quo. Ela garante que as pessoas não criem dinâmicas independentes e ficam sempre naquele momento de início de trabalho, que é bom para você. Reestruturações constantes impedem que os problemas fiquem complexos e te ataquem de maneira mais forte. Faça-as e garanta que as pessoas não se sintam confortáveis.

Capítulo XXXIV – Tenha um carrasco

Penúltima lição, e talvez uma das mais importantes, é de que você deve ter alguém – possivelmente um número dois, um braço direito, que possa servir como um carrasco. Alguém que possa levar a culpa e a raiva por coisas ruins que você desejar fazer. Pode ser alguém na gerência média, que é possivelmente o melhor lugar para instalar alguém assim.

Basicamente, entregue para essa pessoa a responsabilidade de ser "ruim", enquanto você se concentra em ser uma pessoa boa, apenas anunciando ou fazendo as coisas que vão ser bacanas para todos. Isso é o melhor que você pode fazer. Há dois benefícios maravilhosos nisso: primeiro, você retira uma bela carga de trabalho das suas costas e ao mesmo tempo garante que as pessoas vão te ver com um olhar positivo.

Primeiramente, ter um carrasco significa que você pode passar uma grande responsabilidade que você teria: ditar os rumos das pessoas quando elas fazem cagadas. São sempre conversas chatas e longas. Se você tiver alguém para fazer isso para você, acaba se livrando de uma boa. Basta você passar para ele um pequeno briefing do que você quer que ele diga e pronto. Envie esse gerente para a guerra e pronto. Você pode passar o resto do tempo fazendo algo mais útil, tipo descansar.

Segundo, imagine NUNCA ter que dar uma bronca para as pessoas. MARAVILHA. Ninguém vai olhar para você com olhar torto mais, é muito bom. As pessoas só vão te associar com as coisas boas e ter o maior carinho e respeito por você por conta disso. "Nossa, ele é um chefe muito legal, que sempre fala as coisas de um moto respeitável e te ajuda a crescer bastante" é o que você vai passar a ouvir – ao contrário daquelas reclamações típicas de quem leva bronca e fica contrariado.

Um terceiro benefício, talvez ainda mais importante, é que isso também te blinda para ser processado por algum eventual excesso que as pessoas chamam de "assédio". Essas novas gerações são muito mimimi. Então às vezes você dá uma bronca muito pesada e a pessoa fica lá, reclamando a vida toda. Nesse cenário, quem vai levar a bronca e acordar com o advogado na porta é teu carrasco. E você ainda pode mandar o sujeito pastar e arranjar outro. Só vantagem.

Capítulo XXXV – "Escreva" um livro. Isso te transforma em um semi-Deus

Deixa-me te dar parabéns aqui. Você que leu esse livro até o fim deveria ganhar um prêmio. Você é raro. Você provavelmente nem existe. O Brasileiro é um idiota que mal lê, mas que coloca muito valor em livros. Então escrever a ponto de terminar um livro, como eu fiz, acaba te transformando em alguém especialista no assunto – mesmo que as pessoas nunca tenham lido seu livro. Basta ver a capa bonitinha e comprar.

Escrever um livro é algo que te transforma em um semi-Deus. Te deixa com uma grande autoridade sobre qualquer assunto. Faz com que as pessoas te respeitem de um jeito completamente distinto e aceita qualquer merda que você disser sobre aquele assunto. É fenomenal como isso muda tudo. Essa é a maior recomendação que alguém pode fazer para você se dar bem.

Então, muito obrigado por ter me permitido mudar de vida. Um abraço e até a próxima!

www.ingramcontent.com/pod-product-compliance
Lightning Source LLC
Chambersburg PA
CBHW020601220526
45463CB00006B/2404